歴史文化ライブラリー

491

神仏と中世人

宗教をめぐるホンネとタテマエ

衣川 仁

吉川弘文館

目　次

神仏と中世人のパワーバランス

正当性を得るために

現世利益を願う——プロローグ

墓参りからおみくじまで

現代日本の宗教に関するキーワードとして、よく挙がるのが「無宗教」という言葉である。クリスマスを祝う人たちが葬儀にはお坊さんを呼び、子供が生まれれば神社でお宮参りを……というような振るまいについて、宗教的に節操がないという意味で、皮肉をこめながらそう評することがある。また仏教に限っていえば、「葬式仏教」も同じような評価を含むものだろう。現在も口の端にのぼるこの言葉は、葬儀に代表されるセレモニーの時にだけ存在感をみせる仏教の在り方を、揶揄まじりに表したものである。

こうした評価に共通するのは、本来あるべき宗教の姿から逸脱しているとの現状認識である。「無宗教」の場合は同時代の諸外国との比較もあろうが、昔に比べて今の日本の宗教は……という漠然としたイメージが影響しているように思われる。確かに、特定の宗教に則ったものではない雑多な振るまいが、うわべだけのものにみえることは否定しない。ただ一方でこうした現状は、現代人の日常生活に違和感なく溶け込んだ宗教の姿を映しているのであって、われわれが神や仏をまったく気にせずに暮らしているわけでもない。合格祈願などの神頼みもすれば、バチがあたることへのそこはかとない恐ろしさも消えてしまってはいない。また宗教に関わる社会現象としては、二一世紀以降に限ってもスピリチュアルと名のつく諸現象が流行したし、パワースポットと呼ばれる場所へ詣でることは一過性のものではなくなっている。最近では、「人生の最期を自分の望むように自分で準備すること」を意味する「終活（しゅうかつ）」の語が「新語・流行語大賞」にノミネートされたし、御朱印集めも密かなブームになっているというから、宗教的な要素はかたちを変えながら社会に根を張っているようにもみえる。

こうした状況をどう理解すればよいのか、一つの指標となるのが意識調査である。NHK放送文化研究所が昭和四八年（一九七三）から五年ごとに実施している「日本人の意識」調査の二〇一八年版によると、「宗教とか信仰とかに関係すると思われることがらで、あなたがおこなっているもの」の中で、一番多いのは「年に一、二回程度は墓参りをしている」、二位に続くのが「お守り・おふだ」（図1）であった。

その他の選択肢には、「礼拝・お勤め・修行・布教」を普段からしているか、「聖書・経典など宗教関係の本」をおりにふれて読んでいるか、「身の安全や商売繁盛、入試合格などを、祈願しにいったことがある」か、「おみくじを引いたり、易や占いをしてもらった」ことがあるか、などである。「宗教」の定義は宗教学者の数だけあるともいわれるそうだが、ひとつひとつを宗教と呼ぶには物足りない気がしても、全体としてみれば、なるほど宗教という言葉が表す営みを絶妙にカバーしている。

図1　お守り

お守りの現世利益

このアンケートでも一位と二位を占める「墓参り」と「お守り・おふだ」は、死にまつわる一連の宗教行事での祈りと、日常的かつ世俗的な願望成就のための祈りに相当する。この二つの願いは、生と死に関わる二つの世界（現世と来

図2　北野天満宮「飼牛守護」

世）を広くカバーしている。二つの世界にはそれ相応の祈りがあり、「現世利益」と「後生安穏」という言葉として歴史上頻繁に登場した。それゆえ、宗教を歴史的に考える上で欠かすことのできない要素となっているが、死そのものや死後世界での安穏を願うことは、時代を越えて大きな意味と重みがあり、筆者の手には余る。そこで、「後生」の考察は別の機会に譲ることとし、本書では対象を「現世利益」に限定したいと思う。

お寺や神社では、さまざまな願いに応じたお守りやお札（護符）を今も手にすることができる。お守りやお札とは、そこに籠められた神仏の霊力によって、災厄を避けたり、幸福を得たりすることができるとされる宗教的なツールである。今にいたるまでなくなることがなかったのは、古来より人々の求めに応え続けてきたからなのかもしれない。

ただ現在のお守りは、自身を守護するという本来の言葉の意味から派生し、多様な願望を成就させるためのものになっているようである。その願望は、家内安全・商売繁盛・無病息災・交通安全・安産祈願・合格祈願・良縁祈願といったものが一般的で、少々特殊なところでは、北野天満宮（京都）の「飼牛守護」の護符（図2）のように、かなり目的を絞ったものもある。

　昔にはなかったかたちのお守りが登場しているのも、近年の特徴だろう。たとえば京都嵐山の法輪寺では、本尊である虚空蔵菩薩のお守り画像を携帯電話に読み込めるよう、マイクロSDカード（図3）にして授けられている。また東京の神田明神では、平成一四年（二〇〇二）から「IT情報安全守護」の授与を始めたという。このお守りが「将門様御神札」に並んでいるのは不思議な光景だが、時代が変わればお守りも変わること、そして人々の願望も変化することをよく示している。

図3　法輪寺「虚空蔵菩薩御守護」

「富と寿」

　時代によって、また人によっても願いは異なるものだが、その中心にあり続けているのは、間違いなく生命と富に関する願望である。

東国の不尽河（ふじのかわ）付近に、大生部多（おおふべのおお）という人物がいた。彼は村や里の人々に虫を祭ることを勧め、「これは常世（とこよ）の神だ。この神を祭る者は富と寿（いのち）とを招くのだ」といっていた。しまいには、巫覡（かんなぎ）らが勧誘のため、神の託宣をもちだした。それは、「常世の神を祭れば、貧しい者は富を受け、老いた者は若くなる」（「常世の神を祭らば、貧しき人は富を致し、老いたる人は還りて少（わか）ゆ」）というもので、この勧めにより、人々はますます家の財宝を喜捨（きしゃ）し、酒や野菜、肉を道ばたに並べては、「新しい富よ、入って来い」と叫んだ。

（『日本書紀』皇極天皇三年七月条）

大化改新の前年にあたるこの年、東国に「常世の神」を祭る教団があった。その「神」とは虫で、引用した『日本書紀』の後続箇所によると、親指くらいの大きさで緑色、黒点があって橘（たちばな）や山椒（さんしょう）の木におり、形はカイコのようだとあるので、アゲハチョウの幼虫だと考えられている。

ごく普通の虫でしかないこの「神」を祭った目的は、「富と寿」を得るためである。祈れば富と長寿が手に入ると説く教祖の言葉にしたがって、人々が資財をなげうつその様子は、入信時に布施（ふせ）として全財産を出させるカルト教団と重なってみえる。現代なら大問題だがそれは当時も同じで、民を惑わせたことを理由に朝廷は秦河勝（はたのかわかつ）を派遣し、大生部多を倒した（「民の惑はさるるを悪みて大生部多を打つ」）。

古代国家は虫を祭る奇怪な集団の武力弾圧に踏み切ったが、その本質は、税として国家に入るべき富が教団に流出するのを嫌ったことにある。民が「惑はさるる」とは、彼らの資財が虫を祭る教団に流れこむ事態をさし、それが徴税という富の独占的な収奪を阻害された国家側の焦りを誘ったわけである。この点を重くみるならば、古代国家の宗教弾圧策は、教義そのものではなくカネの問題に由来していたといえるだろう。

ただし、そこには近代以前の社会が抱える問題も潜んでいた。大生部多が民にカネを出させることに成功したのは、彼らが望んだもの（ここでは「富と寿」）を与えたからであり、神（ここでは虫）の力のおかげでそれを実現したとされる大生部は、「勧め」というかたちで人々を動かすこと（ここでは金品の喜捨）ができるようになっていた。つまり宗教は、人を意のままに動かすという面で、権力と深く関わるものだったということになる。

中世の宗教とは

神の力を使って人の願望を叶えると、願いを叶えてもらった人（事実として叶えられなくても、その人が叶ったと信じ込むだけでよい）は、叶えてくれた神あるいは神の言葉を伝えた人の言うことを聞くようになる。要するに、人に言うことを聞かせるために、その人の願いを叶えてやるということである。この作用は、シンプルながら非常に効果的であり、支配をもくろむ権力にとっては、喉から手が出るほど欲しいものだった。こうした理由から、政治と宗教は結びつきやすくなり、またその力をめぐって対立することにもなった。「ますます勧めて民の家の財宝を捨てしめ」たと表現された大生部も、民を動かすことに成功しており、だからこそ彼は排他的な支配を望む国家権力にとって、危険な存在となったのである。

ある特定の願望を成就するために、超自然的な存在やその力に働きかけるこうした営みを呪術という。虫を「常世の神」とみなし、「祭る」と表現される手段で働きかけることによって、信者に「富と寿」を得させようとした大生部の行為は、呪術そのものであった。政教分離の仕組みが整う前の社会では、呪術（あるいは宗教）と権力の関係が緊密になりやすく、それについては日本も例外ではなかった。

「富と寿」をはじめ、さまざまな願い事を叶えようと、昔の人々は祈りをおこなってきた。そしてその営みは、かたちを変えながらも現代まで続いており、その一端が「お守り・おふだ」なのである。こうしてみると、「宝くじが当たりますように」などと比較的暢気に願い事をすることもある現代の祈りだが、時代をさかのぼれば、権力と宗教のきな臭い関係にたどりつくということは押さえておいてもよいだろう。きな臭さでいえば、たとえば「〇〇しなければ地獄に堕ちる」というようなフレーズを二一世紀のこの時代でさえどこかで誰かが吐いていそうだが、これは宗教を利用した権力行使の亜種である。もちろんすべての人に対して有効だとは思わないが、一部の人々を呪縛することができるため、おそらく今後も消えることはないだろう。

遠い昔の歴史を研究する身として、現在進行形で生じている事態を鮮やかに読み解くことは、（少なくとも筆者自身は）あまり得意ではない。それゆえ眼前にあるこの状況そのものではなくても、それにつながるかもしれない過去を提示することに、まずは力を傾けるべきだと考えている。過去に生きた人々が何を願い、その願いを成就させるためにどんな祈りをおこなったのか。それは今のものとどう異なるのか。過去の祈りに権力が関わっていたのであれば、それによって神仏と人々の関係はどういった特徴をそなえるようになったのか。それがその後どうなり、今とどのようにつながっているのかと性急に問いかけたくもなるが、今を知るためにも、その前に昔の祈りについて問うことが大切だろう。

本書では、神仏という目にみえない存在に向きあい、願望成就を期待しておこなう営みを広く「祈り」とみなし、それによってもたらされる現象や効果のしるしを「霊験（れいげん）」と呼ぶことにする。また、対象とする時期を中世前期に限定しておきたい。中世とは、おおよそ平安時代の中頃から江戸時代の手前までをさす時代区分で、その前半、平安時代の後半から鎌倉時代まで（一〇世紀頃から一三世紀頃）を中心に取り扱うこととした。この時期に限定したのは筆者の力量の問題によるのだが、この時期の宗教界には、前後の時代にはない文字どおり異彩を放つ活動がみられることも考慮に入れている。こうした特徴ゆえに、「宗教の時代」と評されることも多い中世をみておくことが、そこから遠く離れた「無宗教」の今を考えるための前提になるのではないか、そう考えるからである。

中世人の祈り

「富と寿」のために

無病息災の祈り

本節では、時代を問わず人間の願望の中心にある「富と寿（いのち）」の祈りをとりあげる。まずは「寿」が失われるのを防ぐ無病息災を中心に、古代から中世にかけての祈りについて検討してみたい。中世人はどんな時に祈り、祈ることについてどのように考えていたのだろうか。

『日本書紀』をはじめとする六つの勅撰史書六国史（りっこくし）を紐解くと、天皇の病気回復を期して実施された祈りの記載が、数多く残されている。平安時代初頭に限ってみても、七大寺（奈良にある七つの大寺）での誦経（ずきょう）（声をあげて読経（どきょう）する）、諸国国分寺での薬師悔過（けか）（薬師如来に罪を懺悔する）、殺生禁断（せっしょうきんだん）（狩猟を含む殺生を一定期間禁じる）、写経（しゃきょう）、奉幣（ほうへい）（神々に幣帛（へいはく）を捧げる）などが実施され、加えて薬の服用も記録されている。もっとも懸念すべき天皇の病という事態に、種類・場所・規模などを異にする多彩な祈りが国家規模でおこなわれたことがわかる。

天皇個人の病気回復ではなく、広域的な疫病の場合も国家規模での祈りが実施された。長保三年（一〇〇一）の春、前年から続く疫病により、各地では「命を全うする者少なし」（『権記』長保三年三月二八日条）と評されるほどの悲惨な状況が拡がっていた。このため三月には、平安京大内裏の大極殿で一〇〇〇人の僧侶が金剛寿命経を転読する大規模な仏事が営まれることになった。

ところが、四月に入ってもこの疫病は終息しなかった。賀茂祭（葵祭）見物に出かけた藤原行成は、見物の人や車がいつもより少ないことに「無常」を感じるほどだったと、日記に書いている（『権記』四月二〇日条）。そして五月になると対応策が議論され、諸国に命じて丈六（一丈六尺＝約四・八五メートルの高さ）の十一面観音を供養することが決定された。その内容は、命令書（太政官符）が到着してから六〇日以内に開眼供養し、確かに供養したことを都に報告せよ、というものである。なかなか収まらない事態に、朝廷が焦りを募らせている様子がうかがえるが、一方で確実に祈れば何とかなるという祈りへの信頼感も読みとっておきたい。

結局、この疫病は七月まで長引いた。『日本紀略』によると、その頃まで「天下の疫死、大いに盛んなり。道路の死骸、その数を知らず」という惨状が続いたという（長保三年歳末条）。病に関する情報は、朝廷であれ個人であれ命にかかわるものとして関心も高く、このように現状や対策などが記録されることになった。

病気になったら祈って治す

九世紀中頃からは、朝廷が実施するこうした仏事に加え、大陸から本格的に導入された密教の祈り（密教修法）がおこなわれるようになる。その特徴の一つは個人の祈願にも対応しやすいことで、皇族・貴族の願望に応えるべく、空海（真言宗）や円仁・円珍（天台宗）らに牽引された僧侶たちが、盛んに修するようになった。

長和四年（一〇一五）五月、眼病に苦しむ三条天皇の諮問を受けた僧正明救は、千手法という密教修法に加えて、日天を供養すればよいとのアドバイスをおこなった。その上で明救は、自分がその「秘法」を良源から伝授されており、本来秘蔵すべきであるが、天皇のためなら喜んで勤修すると奏上している（『小右記』長和四年五月一六日条）。延暦寺中興の祖として名高い伝説的な僧侶に「秘法」を学んだという希少価値をアピールし、自らの祈りのグレードを高めて売り込みをかけたものとみてよいだろう。

こうした宗教界の努力の甲斐もあって、密教の祈りは貴族社会に浸透していく。それによって個人的な願望成就の選択肢をさらに広げた貴族社会では、病気にかかれば僧侶に祈りを依頼することが日常的になった。永祚元年（九八九）七月、藤原実資は娘の病気を治すために実施した祈りについて、日記に次のように書き残している。

二三日　娘がこのところ、病気に苦しんでいる。（中略）よって證空・仕源らを招いて加持をさせ、邪気を追い払った。だいぶんよくなった。等身の薬師・観音・五大尊の像を描くことを願い出た。

二四日　仏師蓮胤を呼び、娘の枕元で昨日願っていた等身仏を描かせた。

二五日　娘が頼んだ薬師・観音・五大尊の像について、證空に開眼させた。たいそう霊験があった。

（『小右記』永祚元年七月条）

このケースで実資は、まず僧侶を招いて加持をさせている。加持とは、手に印契（手指のかたちで仏を表すこと）を結び、口に真言（密教の呪文）を唱え、心で本尊を観想しながらおこなう祈りで、邪気をヨリマシ（病人の身代わりとなる人やモノ）に憑依させるという、いかにも呪術的な治病法の一つであった（図４）。

一連の記事では、加持以外にも造仏を含む複数の祈りを並行して実施していることがわかる。実資は娘の回復がこれらの「霊験」だと明記しているが、複数の祈り全体のおかげだと漠然ととらえているようである。目にみえない超自然的な力を呼びおこす呪術では、目にみえないがゆえにどの祈りが効果をもたらしたのか、少なくとも人間には判断がつか

ない場合があった。祈りの効果への信頼は篤いものの認識には曖昧さがあり、一つの祈りで達成される「一発必中」型というよりは、「数打ちゃ当たる」型のものといえるかもしれない。

貴族社会は、密教を中心とした多様な祈りを選択肢としてとりまぜながら、それらを並列的に実践することで願望の成就を図っていた。そして、複数の祈りを並行しておこなう

図4　ヨリマシ加持をする僧侶（『餓鬼草紙』より，東京国立博物館蔵）

ことは、特に経済的な支障のなかった皇族・貴族の世界では、よくみられる光景となっていった。

僧侶に頼むか、自分で祈るか

実資と同時期の政治家である藤原道長(みちなが)は、摂関政治を象徴する人物として、その名を広く知られている。「この世をばわが世とぞ思ふ望月の虧(かけ)たることもなしと思へば」と詠んで現世での栄華を謳歌したとされる彼が、一方で「飲水病」（現代でいう糖尿病）などの病に苦しんでいたことは、自身や周辺貴族の日記からうかがうことができる。

長和五年五月の仏事について、道長本人は「悩み事ありといえども」（病で苦しいのだが）参加したと書いている（『御堂関白記(みどうかんぱくき)』長和五年五月七日条）。ただし、同じ仏事での様子について、本人よりも詳細に記録したのが実資であった。彼はこの時の道長が、しきりに口の渇きを苦にしていたと記している（『小右記』長和五年五月一一日条）。これは糖尿病の典型的な症状なのだという。

その二年後、今度はさらに重篤な症状が道長を襲った。その時も記録をとっていた実資によると、道長がいつもと変わらない様子で雑談していたところ、急に「御胸の病い」が生じ、叫ぶような声で苦しみだした。そこで僧侶を呼んで加持をおこない、「霊気を人に移し平復」したという（『小右記』寛仁二年〈一〇一八〉閏四月二四日条）。このケースでは、胸の痛みという身体的症状を「霊気」（＝邪気）によるものと判断し、投薬ではなく僧侶の加持によって回復させている。

現代では、プロの宗教者に祈りを依頼するのは冠婚葬祭などにほぼ限られており、それ以外は願望を抱く本人が神社仏閣等に赴いて祈ることが多い。これに対し、平安貴族の多くがさまざまな場面でプロである僧侶に依頼していたのは、先にみたとおりである。ただし、彼らにはそうするしか選択肢がなかったわけではない。たとえば、平安時代の末に活躍した政治家の九条兼実は、「病席より起ち揚がり、妙経一部を転読す。自ら疾を祈らんがためなり」と日記に記している（『玉葉』元暦元年〈一一八四〉六月二八日条）。僧侶に任せるのではなく、苦しいなか「自ら」祈ったとわざわざ強調したのは、その真摯な姿勢が重要だと考えたからだろう。

このように、中世の祈りには、僧侶に依頼する場合と自分でおこなう場合とがあったが、そこに違いはあったのだろうか。

禅定寺（京都府）に参詣しようとしていた藤原行成は、途中の坂道で急な体調不良に襲われたため、その場で「願を立」てた。回復すれば「五大堂を禅定寺に建立すべし」と願ったところ、「たまたま願力に応え心地平復」したと綴っている（『権記』正暦四年〈九九三〉三月二六日条）。一種の霊験譚ともいうべきこのケースでは、苦しくなったその場で祈る必要が生じたため、僧侶に依頼する間もなかったのが実情だろう。プロに依頼する時間的な余裕がなければ、自分で祈って済ませていたことは確認しておきたい。

自分で祈ってもよいし、僧侶に依頼してもよい。また密教の祈りであっても、仏を描くことであってもよい。いずれにせよ、祈りという目にみえない神仏とのやりとりを真摯におこなえば願いが届き、神仏の力の表れとしての霊験を得られるのだと、中世人は考えていたようである。

○○が叶ったら……

マンガ『ドラえもん』に出てくる道具のなかに、「先取り約束機」というものがある。約束した内容を先取りできるが、後で必ず約束を実行しなければならないというもので、たとえば今食べ物がなくても、「あすかならずごはんをたべるから、いますぐおなかをふくれさせて」とお願いすると、満腹になる。当面の願望を成就させるために、後で奉仕することを約束する。このような〝後払い〟という意味では、中世人も似たような史料を残している。

たとえば先にみた禅定寺参詣での行成は、宗教者を介在させる間もなく自分のタイミングで祈っており、自己完結的なものにみえる。しかし行成の心中では、回復という霊験を得るために寄進(きしん)の〝後払い〟を約束していた。その相手は現実世界の禅定寺ではなく、もちろん目にはみえない神仏だろう。

図5　行願寺（革堂）の石塔

藤原頼長といえば、平安後期に活躍する摂関家出身の政治家で、崇徳上皇とともに保元の乱を起こすも敗れたことで知られている。その彼が康治元年（一一四二）のある夜、六角堂と行願寺（ともに京都市）（図5）に参拝したのは、顔にできた「癧瘍」（鯰肌）が治るように願掛けをするためであった。特に行願寺には三夜連続人目を忍んで赴き、「三箇夜の内、必ず小験を示し給うべし。今年の内に跡を削りて平癒すべし（今年の内に跡形なく治りますように）。もし平癒せば、明年より三箇年、毎月参詣し、礼拝千遍すべし」と誓っている（『台記』康治元年八月一八日条）。すると、翌日には「示現」（神仏が示す霊験）があって、癧瘍が消えてしまった。それを鏡で確認した頼長は、「末世といえども、仏法の霊験不可説なり（言葉では言い尽くせない）」との感想を述べている。

ところで、「先取り約束機」によって結果を先取りしたのび太たちは、ストーリーの最後に約束を守るべくある行動にでたのだが、頼長の方は「もし平癒せば」の約束を果たすために「毎月参詣」したのだろうか。翌年正月の記事をみると、癧瘍とは無関係の「凶会」（陰陽道で凶にあたる日）のために行願寺に参詣した事実はあるものの、その時の記事では前年の病との関連について確認することができない。

もちろん日記に書かなくても頼長が内心で感謝した可能性はあるのだが、彼がお礼参りだということを日記に強調しなかった事実もまた重い。この不記載は、彼が〝後払い〟の約束を後できちんと果たすことよりも、約束段階での神仏との交流（霊験の体験）そのものに満足してしまっているからではなかろうか。回復を願って心の中で寄進を約束した行成もおそらくは同じで、神仏の力を身に受けたことこそが大切だったのだろう。中世人にとって、神仏との約束を果たして〝後払い〟をするという地味な作業よりも、神仏の恩恵に与ってわが身に起こった奇瑞こそが、記録に残すべき〝事実〟だったのである。

神仏への奉仕が大切

藤原実資が病気の娘の枕元で造仏を始めたように、中世人は仏を造るという行為が功徳となって、願望を成就させると考えていた。

元永二年（一一一九）五月二八日、のちに崇徳天皇となる皇子が無事誕生した。この出産をめぐる一連の史料（『大日本史料』第三編之二十二、元永二年五月二八日条）によると、出産にあたって「危急」となった鳥羽天皇の中宮璋子の回復を願い、造仏が開始されたという。また皇子の曽祖父にあたる白河法皇は、諸社に馬を奉納することを決定し、他にも仏師を招いて三条烏丸御所の南庭に丈六仏を造らせるなど、曽孫誕生のための祈りを惜しまなかった。

造寺造仏をすれば望んだ効果が得られるという考え方は、皇族や貴族だけのものではなかった。丹後国にあった西方寺（京都府竹野郡）では、荒廃が進んだため地元住民（「土民」）たちが復旧しようと、力をあわせて作業を進めていた。建久三年（一一九二）の年紀をもつ願文には、その過程で新調された仏像や経典が列挙され、それぞれに「伊津部貞光、病患を除かんがため忽ち彫り刻み奉る」「伊津部恒次、病願あるにより造立し奉る」といった説明が付されている（『鎌倉遺文』六二五号）。彼らは、文末で雨と豊穣および地域の静謐などを祈願しており、「土民」と呼ばれた階層の人々も、造仏が祈願成就につながるとの信仰をもっていたことがわかる。

ところで、なぜ行成が心中祈願の際に寄進の〝後払い〟を約束したかというと、身に降りかかっている災いを消すという速効性が要求される事態にあって、寄進や造仏では間に合わないから、というのが推測される理由である。その場で短時間に仏像を彫りあげたという聖徳太子のケース（後述）や、一日の内に大量の造仏と供養を可能にした院政期の仏師たちを除けば、造仏にはそこそこの時間がかかるのが普通だろう。崇徳誕生時に白河法皇が造らせたという南庭の仏像についてはわかりづらい点も多いが、少なくとも造仏自体は中宮が危険な状態になったことをうけ、誕生する当日の「午の剋（止午頃）」に「造り始」めたものである（『御産部類記』、誕生は「申の時（夕方の四時頃）」）。皇子誕生という一大事に造仏が選択されたことからは、それへの期待の大きさがうかがえる一方、誕生までに完遂させることよりも、着手すること自体を重視していたのではないかとも推測させる（ただし『中右記』には「造」って「開眼」させたとある）。

この点と、先にみた行成や頼長による〝後払い〟の不記載（ご利益があったことを強調し、それへの奉仕の〝完済〟は重視せず）とを合わせてみると、次のようなことが考えられるのではないだろうか。神仏から受ける霊験と、それへの報いとしての神仏への奉仕は、現実世界での契約のようなものではなかった。ほとんどの場合、それは心というみえない部分で処理され、かつそれで問題にならないようなものだった。

中世人が神仏から霊験を得るために祈り、その報いとして神仏への奉仕を重要と考えていたことは間違いない。しかし、現実に奉仕することよりも、むしろ奉仕する心（あるいはその意欲や姿勢）を外界に示すことで済ませていた可能性が浮上してくるのである。

図6　長　谷　寺

富を求める祈り

次に、「富」にまつわる祈りについて考えてみよう。

密教修法では、祈りの目的を息災・増益（ぞうやく）・敬愛（けいあい）・降伏（ごうぶく）の四種に大別しており、言葉の意味からいえば、富の祈りは増益にあたる。たとえば金銭に直接つながる富を祈った事例としては、昔話でも知られる「わらしべ長者」の説話が典型である。この話の面白さは、「わらしべ」（原文では「藁筋（わらすじ）」）が次々といろいろなモノに変わっていくところにあるが、物語冒頭に登場する最初の祈願もなかなか強烈である。

ある「青侍（あおざむらい）」（若く身分も低い侍）が、霊験あらたかな観音菩薩で知られた奈良の長谷寺（図6）に参詣した。彼は「身貧しくして一塵の便り無し」という自分に、「少しの便り」を与えてくれるまでは飢え死にしても動かないと、半ば脅迫的に「念じ入」ったという（『今昔物語集』巻一六―二八）。この乱暴で不敬にもみえる祈りにも、観音菩薩が応じて物語が進んでいくのだが、ここでいう「便り」とは生活を支えるものや飢えをしのぐ食物を含んでおり、仏に対する直接的な富の要求にほかならなかった。

仏教説話の類には、このようにストレートにカネやモノを求めて祈る話も多い。ところが現実世界の文書・記録では、富そのものを直接要求するようなものはあまり目にしない印象がある。もちろん富への欲望がなかったはずはないから、現実世界での富への欲望が、どういったかたちで表現されたのかを押さえておく必要がある、一例を紹介しよう。

あるとき三春是行という人物が、馬泥棒をはたらいたと告発された。彼は、その訴えが「極タル無実」（まったくのウソ）であると反論し、もし自分の言葉に偽りがあれば「神罰冥罰」を受けることになってもかまわないとする起請文を作成した（『平安遺文』二六四四号）。起請文とは、もし自分の主張に偽りがあるなら、バチがあたってもよいとする中世の誓約書である。起請文が秘める宗教性については、後の節で考察することとして、ここでは彼がしたためた「神罰冥罰」の具体的な内容に注目したい。そこには、「現世は貧窮無福にして、後生は三世の仏種を断たん」、つまり自分の証言がウソならば、現世において「貧窮無福」になってもかまわないと誓ったのである。

もちろん、是行は盗んでいないと主張しているのだから、自分が「貧窮無福」になるはずがないという自信があるのだろう。ただ、このことが罰として表記される前提には、貧しいことは不幸であり、富は幸福につながるという一般的な理解がなければならない。何を当たり前のことをと思われるかもしれないが、世の中でカネより大事なものはないといって憚る必要のない時代は普遍的ではなく、時代によって富への考え方は異なっていた。中世人はカネ持ちを「有徳人」と呼ぶ反面、社会を動かすカネ（商業）を賤しいものとみなしていたらしい。桜井英治によれば、こうしたアンビバレントな考え方を整合させる機能として「浄財の思想」があり、彼らに課された財産税が宗教的な用途に充てられたのは、神仏への贈与によって本来賤しいカネが浄化されるというカラクリがあったからだという。したがって神仏への浄財ではなく、神仏から脅し取らんばかりの姿勢をみせた「わらしべ長者」の青侍はやはり珍しいということになるだろう。だからこそ、現実世界の史料では表面化しにくい人々の富への欲望をいかにすくい上げて考察するかがポイントになる。

出世を願う

是行の起請文からもう一つ想定できるのは、現世において自分が「貧窮」になるかどうかのカギを神仏が握っているのだと、中世人が考えていた可能性である。そうなれば、青侍が長谷寺の観音に頼みこんだように、富につながるさまざまな願望が、（やや間接的ながら）神仏に向けられることになるのは当然だろう。

藤原基頼（もとより）という人物が、あるとき受領（ずりょう）になることを望んで願掛けをした。受領とは、一〇世紀に入り強力な権限を得て国務を執行するようになった国司（こくし）の別称で、国内の徴税を請け負うなかで私腹を肥やすことができたため、その任に就こうとする者が多かった。徴税の際に発揮される彼らの強欲さはよく知られており、手にしたものなら何でもわがものにするさまを「受領は倒る所に土をつかめ」と評されたほどである（『今昔物語集』巻二八―三八）。

受領になる願望を抱いて北野社に参籠（さんろう）したその晩、常夜灯が暗いことを不審に思った基頼が尋ねると、僧から「備前国（びぜんのくに）の菅原郷からの収益を灯油代に充ててきましたが、時が経つと未払いが多くなり、ついに断絶してしまいました。だから暗いままなのです」との答えが返ってきた。そこで彼は思い立ち、「願いが叶ったら、肥えた土地を選んで寄進しましょう」（「事、成就せば早く膏腴（こうゆ）の地を択び、寄進すべし」）と「心中」で祈願したのだという。するとその願いは現実となり、能登守（のとのかみ）に任命されることになった（『平安遺文』一七三五号）。出世を願うことは、広い意味で富につながっているから、これは増益の祈りに分類できるだろう。

ここまでならよくある霊験譚だが、この史料には続きがある。現金なもので、心願成就した基頼は、その返礼を忘れてしまったというのである。一〜二年経ったある日、夢のお告げによって約束を思い出した彼は、「驚き怖れ」ながらあわてて土地を寄進することにした。その際、「便宜の所なく自然忘却す」、つまり寄進用の土地を探してはいたのだが、適当な土地が見つからなかったので、そのまま忘れてしまったのだと書いている。

今やろうと思っていたのに、という言い訳はいつの世も変わらないようだが、忘れたという自分のミスをわざわざ書いているところが面白い。もちろん基頼自身は、自らの落ち度を自慢したわけではなく、その落ち度のおかげで発生した神仏との交流体験（夢告）をアピールしようとしたのだろう。

中世人はご利益を得るために、またご利益を得た感謝の印として神仏への奉仕をおこなっていた。ただしその奉仕は、場合によっては忘れてしまいかねないものでしかなかったことも確認しておこう。神仏に対する中世人の態度は、祈りの瞬間などに得られる神仏との交流体験を重視しており、感謝については、重要度として一ランク下にみていたのではないだろうか。中世人には、神仏に対して案外冷たい面があったといえるのかもしれない。

中世の民が「貧窮」に陥らないために必要なことといえば、一つは豊作だろう。作柄の善し悪しが農民に限らず多くの人々の生活に影響するのは、今も昔も同じである。典型的な呪術である祈雨は、干ばつという災いを止める（災いを息む）息災の祈りであると同時に、豊作を実現させて富を約束する増益の祈りでもあった。

豊作の祈りは富の祈り

万寿二年（一〇二五）の夏は諸国で干ばつが発生し、七月に入ると雨を乞う祈りが検討されはじめた。九日に丹生社（奈良・丹生川上神社）・貴布禰社（京都・貴船神社）の神に幣帛（供物）を捧げる奉幣使が派遣されると、その日の夕方には雷雨になった。この雨はすぐにあがったものの、源経頼は「頗る御祈願の験あるべきか」との感想を述べている（『左経記』万寿二年七月九日条）。

こうした祈雨をおこなったのは、朝廷だけではない。地方行政にとっても雨を祈ることは重要な施策の一つで、弘仁七年（八一六）に発生した全国的な凶作では、その原因を「国宰」が「祭祀を恭わ」ないからだと指摘されている（『類聚国史』神祇部祈禱上）。このように、国内を経済的に安定させるための祈雨は、国司の職務の一つと考えられていた。

炎旱日に久し（干ばつが長引いている）。農業損なうべきの由の間の事を聞く。よって明日より九口の僧を以て、出雲御社において不断大般若読経を修すべきの由、留守所に遣わし仰す（国司の留守を預かる現地の役所に命じた）。また、国より上洛する下人、申さしめて云く、昨日、暮立快く下り田畠豊潤す、てへり（丹波から都に来た者によると、昨日雨が降って田畠は潤ったそうだ）。いよいよ年穀を祈るべきの由、重ねてまた留守所に遣わし仰す。（『左経記』万寿二年七月一日条）

これを書いた経頼は、当時左中弁と丹波守を兼務しており、丹波国の国司として農業被害を懸念していた様子がうかがえる。そこで、丹波国の一宮である出雲大神宮（京都府亀岡市）で読経するよう命じたところ、「暮立」（夕立か）があり、そのおかげで田畠は潤ったという。彼が現地にむけて、すかさず「年穀」（豊作）を祈るよう命じているのは、単に祈雨の成功に気をよくしただけではないだろう。祈雨と豊作がともに生活基盤を支える大切な富の祈りであることを、経頼は十分に理解していたのである。

農業の敵を祈りで退治

雨と豊作を結びつけている別のケースもみておこう。ひと月ほど雨のなかった嘉承元年（一一〇六）七月、東寺では、孔雀経法という密教修法が勤修された。このときの祈りについては、二人の貴族が日記に記録している。

まず一人目の藤原宗忠は、未の刻（午後二時頃）に空が急に曇って「大風大雨雷電」があり、「甘雨大いに灑ぎ、天下歓楽す」としている（『中右記』嘉承元年七月一三日条）。もう一人の藤原為隆は、朝のうちの晴天が正午以降「暴風雷雨」に変わったことを、「上古に恥じず」と記した（『永昌記』嘉承元年七月一三日条）。二人はともに、午前中の晴れが嘘のように午後から暴風雨に変わり、結果的に干ばつが解消されたことを絶賛している。

雨を喜ぶ二人の貴族は、干ばつという災いについて、それぞれ「天下炎旱の憂い」「民烟の憂い」と表現している。それは、民に降りかかった災厄であることを憂慮した言葉で、雨と豊作（富）によって支えられる彼らの生活を慮ったものである。こうした理解は平安貴族に限らず、洪水にあたり「時によりすぐれば民のなげきなり八大龍王雨やめたまへ」と詠んだ源実朝のように、武家も同様であった（『金槐和歌集』雑部）。実朝の場合は降りすぎのケースだが、適度な雨で豊作に導き、民の生活を豊かにするのは為政者の仕事なのである。

農業を阻害する他の要因としては、害虫もある。寛仁元年（一〇一七）七月に発生した山城・丹波両国の「蝗虫」被害は、山野や田畠が赤く変色したほどだったと、藤原実資が記録している。彼はまた、「古人云く、政をもって蝗を駈る、いわゆる善政なり」との文を書きそえ、農業被害を解消することが古くから政治の役割だったと指摘している（『小右記』寛仁元年七月二八日・八月一日条）。実資によれば、「蝗虫」被害は近年発生しておらず、そこで天暦四年（九五〇）の先例を踏まえて諸社への奉幣などが検討されたという（八月二日条）。実際に、翌三日には五畿七道諸国での仁王般若経・最勝王経の転読が命じられている（『類聚符宣抄』第三）。

「蝗虫」対策や祈雨など農業に関する祈りは、それを生業とする民の利益を守るという意味で、直接・間接に富につながっていた。また、その環境整備が「善政」だと理解されたため、政治家たちは積極的にその祈りに関わろうとした。このように、多くの「富と寿」の祈りが、民のためという名目で政治主導によって実施された。こうして民は、知らず知らずのうちに政治的な祈りの恩恵を受けることになったのだが、もちろん実際に彼らが祈りやその効果として表れた現象の向こう側に政治をみていたかどうかは別問題であり、この点については後の節で改めて検討してみたい。

彗星を消す祈り

天気は変えられるか

「あした天気になあれ」と照る照る坊主をつるすことは、呪術の一種である。天候を操ることなどどだい無理で、せいぜい神仏か照る照る坊主に祈ることしかできないと考える現代人にかなりのインパクトを与えたのが、北京オリンピック開会式での「消雨作戦」だった。当時の新聞記事によると、北京市気象局が「特殊なロケット弾」の発射で薬剤を散布してあらかじめ人工的に雨を降らせ、雨雲を消してしまって開会式当日の晴天を作り出そうとしたものだという。

なんともスケールの大きな話であるが、この記事の後段が面白い。環境への悪影響に対する批判や制御の難しさに直面した当局は、次第に「あくまで実験段階」とトーンダウンし、「最近の記者会見では、人工消雨の質問にはっきりと答えないこともしばしば。（当局の）張部長は『神様が助けてくれるだろう』と『神頼み』の姿勢だ」ったとか（『朝日新聞』二〇〇八年八月七日夕刊）。

天気を変えるのはやはり神頼みだというオチがついたが、前近代社会では、祈りによって天候を操ろうとしていた事実が確かに存在する。ここでは富の側面を切り離し、祈雨そのものの効果について、人々がどのように認識していたのか考えてみたい。

中世人も晴れわたる秋空の下で行事を進めたいと考えていたようで、鳥羽法皇はキサキである美福門院主催の法勝寺一切経供養に向けて、天台座主行玄に「晴れを得ることを祈る」よう依頼した。そこで、行玄が五壇法という密教修法を修したところ、当日は「ただ晴れを得るにあらず、終日片雲無し。また風無し」という絶好の日和になったという（『台記』久安六年〈一一五〇〉一〇月二日条）。この件に関する「衆庶歎美す。同じく法験これ新たし」との評判からは、この晩秋の日の快晴が「法験」（仏法の祈りによる霊験）によるものだと理解されていたことがわかる。

日蝕をみたくない時代

雨を降らせたい、あるいは病気を治したいという願いを神仏に祈るかどうか、その判断基準は時代によって変化する。将来的には、祈るのではなく科学的な対策を講じる「消雨作戦」の方向に進むのかもしれないが、今のところ照る照る坊主や伝統神事を除けば、天候にまつわる祈りもほとんどみられない。こうして中世には現実におこなわれていた祈りの多くが、知識や技術の進歩、あるいは人々の願望そのものの変化にともなって消滅していくことになった。

　願望そのものの変化とは、たとえば日蝕（にっしょく）をみたいと思うかどうかということである。現代日本では、人は日蝕や月蝕（げっしょく）、彗星（すいせい）などの天体ショーをみたがるものだということになっているようで、何時頃どの方角にとか、次は何年後というような情報までが提供され、みたい人にとってはまことに便利な世の中になった。

　二〇一二年五月の金環日蝕（きんかんにっしょく）をめぐる盛りあがりをご記憶の向きもあるだろう。太陽のほとんどが月に隠れてしまい、そのふちだけがリング状にみえるという現象が、国内では二五年ぶりに観測できるとあって、当時の新聞各紙はその過熱ぶりを詳細に伝えている。たとえば、天候に左右されずに楽しむため、雲の上から飛行機で観察するというツアーがほぼ満席になったというし（聞蔵Ⅱ　朝日新聞ビジュアル二〇一二年四月二五日夕刊）、売り出された観察用サングラスに粗悪品がまじっていて、目を痛める危険性があるとの注意喚起がなされたという記事もある（『朝日新聞』二〇一二年五月一七日朝刊）。その中で目を引いたのが、「金環日食、天気にな〜れ！」という地方版の記事である。日蝕がよくみえることを願い、幼稚園の園児たちが照る照る坊主を作ったと伝えている（『朝日新聞』二〇一二年四月二七日朝刊〈和歌山〉）。「消雨作戦」にしろ園児たちの照る照る坊主にしろ、神頼みにからむ話題が現代においては面白がられるということなのだろうか。

日蝕がみえるようにと祈るのが現代なら、日常とは違う奇異な現象を嫌ってみえないようにと祈ったのが中世である。文治三年（一一八七）七月二九日、当時摂政の地位にあった九条兼実が、「明日」に起こるはずの日蝕のことを日記に書いている。その内容は、太陽が欠け始める時刻について陰陽道や宿曜道などの間で相違があり、「正現」するかしないかでも見解が分かれていること、ただ「正現」した場合に備えて読経する予定があることなどである（『玉葉』同日条）。もちろんここでの読経は、日蝕がみえないようにするための祈りである。

ハレー彗星を消す！

「正現」しないというのは、要するに雲に隠れてみえない状態にあることをさす。典型的な成功例では、「天陰り雨下る。已に正現せず。誠にこれ仏法の然らしむるか」というもので、雨雲で覆い隠すことに寄与した仏法の祈りが称賛を受けている（『中右記』嘉保三年〈一〇九六〉七月一日条）。「正現」するかどうかは貴族社会にとって切実で、だからこそ「日蝕御祈」としての七仏薬師法が、「黒雲四覆し、顕現せず」（『天台座主記』康治二年〈一一四三〉一二月一五日条）という結果を導いた際、阿闍梨を勧めた僧侶は昇進というかたちで褒美を得ることができた。

いつもと違う天文現象を避けようとするのは、彗星の場合も同じである。流れ星をみれば願い事をと、今では願掛けの対象になってしまった彗星だが、昔は不吉なものとして国家レベルでの回避が望まれていた。天養二年（一一四五）四月五日以降にみえはじめた彗星（ハレー彗星）は朝廷でも取り沙汰され、五月六日の法勝寺千僧御読経を皮切りに、種々の「彗星御祈」が実施されている（『本朝世紀』同年五月条）。

このように、不吉な天文現象を避けるのが当時の常識で、そのために人々は祈りに頼っていた。特に諸宗の密教僧による売り込みもあって、大きな期待が宗教界に寄せられることになった。

ただし、祈りが失敗することも当然あったわけで、ハレー彗星を消す天養二年の祈りについては、その期待はずれの様子も記録されている。彗星を消すために、時の天台座主行玄が熾盛光法という天台密教の「最極秘法」を、宗雲が七仏薬師法を、そして仁和寺の覚法法親王が孔雀経法を修することになった。ところが効果は現れず、「弘法慈覚の両門、既に地に堕つの世か、ああ哀しきかな」と酷評されてしまった（『台記』天養二年五月二日条）。とはいえ、これは天台・真言の高僧の祈りならば何とかなるという確信が前提にあったがための、期待の裏返しなのだと彼らをフォローしておこう。

縁結びの祈り

恋愛成就や縁結びの祈りは、「富と寿」には直接結びつかないが、これもまた時代を越えた普遍的な願望である。中世の敬愛の祈りは、祈雨や

図7　安井金刀比羅宮（京都市）の鳥居

除病ほど記録には残っておらず、むしろ現代の方が盛んなのではないかと思わせる（図7）。しかし、中世の宗教界はそういった願望を成就させるための祈りも用意し、対応できる態勢を整えていた。

鎌倉時代の真言僧覚禅は、密教修法の効能や先例などを集成した『覚禅鈔』という書物を著している。それによると、千手法は敬愛の祈りとして勤修されており、たとえば白河院の時に範俊という僧が修して霊験があり、祇園女御は白河院との不和を、崇徳院が皇嘉門院との不和を解消するために祈らせたことがあるという。さらにそこには、

夫婦が不和の時は、千手供もしくは千手護摩、あるいは通常の千手法を勤修するのがよい。その際、生きている鴛鴦のつ

> がいの尾を抜き取って、裏側に「茎（けい）」（芯になる棒状のものか）をはさみ、夫鳥の方に夫の名を、妻鳥の方には妻の名を書く。朱色の砂で書くこと。二つの尾の裏どうしを合わせて中程を糸で結び、両端をひねって行者の右の脇机に置く。（後略）
>
> （『覚禅鈔』千手）

との記述があるように、オシドリの羽を使って夫婦の不和解消を祈る、いかにも呪術的な作法があったこともわかる。

愛染王法（あいぜんおうほう）も、典型的な敬愛の密教修法である。『覚禅鈔』によると、仏によってご利益は異なるけれども、「殊（こと）に夫婦の乖違（かいい）（食い違い）を和（やわ）らげ、男女の敬愛を致すに、愛染（あいぜん）明王（みょうおう）の悲願に勝るは無し」だという。『覚禅鈔』は、このように男女間の愛情問題において愛染王法に勝るものはないと解説し、その願いを「悉地（しっち）成就を祈請せしむべし」（祈りによって到達できる境地にまでたどりつかせて欲しい）と言い換えている。

また同書は、敬愛には「菩提（ぼだい）敬愛」と「世間（せけん）敬愛」の別があるとも述べ、世俗的な人間関係での和合（「世間敬愛」）が、宗教的な達成にも資するものと説いている。この説が世俗の人々の考えを反映したものならば、多くの人にとっての関心事である人間関係が宗教マターとなり、僧侶たちの出番が増えるということにもなるだろう。しかしなかなか難解であり、少なくとも敬愛の祈りとしては、一般の中世人にまで浸透したとは考えづらい。

あまり記録に残らないとはいえ、世俗の人々も敬愛の問題を神仏に関わるものとみなしていた。しかもその理解は、覚禅のようなプロの宗教者よりもはるかに平易で直感的なものだったようである。そのことを示唆するのが次の史料である。

人間は「愛敬」が大事

> 橘恒元が、お裁きをいただきたく申し上げます。（中略）今後は邪心を抱いたり、乱暴なことをしたりはしません。もし誓いを破ったならば、王城鎮守の一万三七〇〇余りの神々、とりわけ、禅林寺や石山寺の護法善神の罰を私の毛穴ごとに受け、現世と来世の願いが叶わなくなってもかまいません。人に愛されることなく、求めても得られず、田畠を耕作しても稔らず、病で仕事ができず、乞食で暮らし、家も食べ物もなく、路頭に迷うようになってもしかたありません（「人間愛敬无く、求むるところも遂げず、田畠耕作の間、年穀登らず、病をもって営みとなし、乞食をもって依怙となす。屋もなく食もなくして道路に迷う身と成らむ」）。この私の誓いを、神さま、どうか確かにお聞き届けください。恐れながら申し上げます。（『平安遺文』三一四四号）

誓いを破った場合に身に受けてもかまわない罰として、この起請文は「愛敬」の喪失を挙げている。「愛敬」という語には愛らしいさまという意味もあるが、恒元は病気や不作から路頭に迷うという不幸と同列に並べている。したがってここでは、親愛の情で結ばれ大切にされる人間関係をさすものとみてよいだろう。

この文章からは、「悉地成就」という難解な宗教的解説よりも身近な感覚で敬愛の大切さを実感していた中世人の姿が垣間みえる。この世界で人間関係が切れてしまうことの恐ろしさ、そしてそれが及ぼす負の影響は、死につながりかねないものだ。彼らの眼前には、そう認識せざるを得ないような苛酷な現実が展開していた。

もちろん、その事態を避けるために祈りが用意されていたのだが、敬愛の祈りの記録が高貴な人々以外ではあまりみられない。このことから、一般の中世人が人間関係をつなぎとめるために、祈りに頼ることは少なかったとみてよいのではないだろうか。少なくとも、現実世界における対人関係としての敬愛については、目にみえない神仏に頼るまでもなく自分で解決しようとしたのだろう。

呪われた頼長

「悪左府」の異名をもつ藤原頼長（図8）は、頭脳明晰で硬骨漢、時に酷薄で異常さすら感じさせると評されている。そんな性格が災いしたのか、彼には諸勢力との軋轢から、呪咀をかけられた経験があった。

仁平四年（一一五四）九月二日、日吉社（滋賀県大津市の日吉大社）に集結した延暦寺の僧侶集団が、時の左大臣頼長を呪咀するという事件が発生した。その原因は、加賀国白山社と敵対していた在地領主林光家が恩赦されたことにある。この件で白山社の本寺で

図8　藤原頼長（『天子摂関御影』より，宮内庁三の丸尚蔵館蔵）

ある延暦寺が激怒し、その怒りの矛先が、この間の措置を主導した頼長に向けられたのである（『兵範記』仁平四年九月三日条）。

この呪いについて、九月七日の記事はこうも記している。「去る二日、山上において百壇大威徳供を始行す。座主以下僧綱、仏供明油等を調え上ぐ。ひとえに裁許を祈請するにあらず、多くはこれ左府を調伏し申す」（『兵範記』）。「山上」とは比叡山上の延暦寺をさすから、延暦寺の僧侶たちが大威徳明王を本尊とする大仕掛けの祈りをおこなったことになる。しかもその目的は、政治的な解決（「裁許を祈請」）ではなく、頼長への呪咀（「調伏」）だという。

さらに重要なのは、この呪咀が一部の僧侶の独断によるものではなかったことである。当時の天台座主行玄をはじめ、本来なら僧侶集団を制御すべき立場にある延暦寺上層部が費用（「仏供明油等」）を捻出していることは、彼らの同意を得た呪咀であることの証拠となる。つまり、延暦寺全体が頼長を攻撃したことになるが、一方の頼長は、自身の日記に「非理の甚だしき、未曽有なり（今までになく理屈が通らないことだ）」と記して寺側の理不尽さを批判するものの、呪咀そのものには触れていない（『台記』同年九月九日条）。

頼長が日記の中で呪咀に触れなかったことをどう評価すればよいのだろうか。可能性としては、心の底から恐れて書けなかったとも、歯牙にもかけなかったから黙殺したのだとも考えられ、結局のところ真相はわからない。ただ、頼長がどうやら他の貴族ほど深刻に呪咀を受けとめていなかったらしいことには傍証がある。

時期は前後するが、久安四年（一一四八）に日吉社参詣を予定していた頼長に対し、日吉の神の呪咀を受けたことがあるなら参詣するのはまずいのではないか、それでもなお参詣したいのなら、日吉七社のうち大宮だけに参り、残りの六社には奉幣と解謝（げしゃ）（祓い）をしてからの方がよかろうという人がいて、頼長はそのアドバイスを日記に書き留めている（『台記』久安四年一二月二日条）。

このように、頼長と延暦寺・日吉社との間には、以前にも呪咀騒ぎがあったことになる。また、初回の時点（久安四年）で参詣に関するアドバイスを受けており、これは普通なら憚るような行動をやってしまいかねない頼長をみて、他の貴族が思わず諫めたというのが実情だろう。こうしたことからみても、少々変わったところがありそうな頼長の例を一般化するのは注意が必要だが、少なくとも彼には呪咀への深刻な恐怖は感じられない。

呪う頼長

ところで、そんな頼長が呪咀をかける側にまわったと疑われたことがある。鳥羽法皇が頼長とその父忠実を憎む理由について、次のような噂があることを頼長本人が日記に記録している。

（亡くなった近衛天皇の言葉として）巫が口走った。「ある者が、私を呪うために愛宕護山の天公像の目に釘を打った。だから私の目は見えなくなり、そのまま死んでしまったのだ。（中略）」。ただし、父（忠実）と私（頼長）は、愛宕護山の天公という存在が空を飛ぶということは知っていたが、そこに天公の像があることは知らなかった。なのに、どうして私たちがその像に呪いをかけられるだろうか。

（『台記』久寿二年〈一一五五〉八月二七日条）

「鳥羽法皇の息子である近衛天皇が亡くなったのは、誰かが愛宕山の天公像の目に釘を打って呪ったせいだ」。法皇がこのような「巫」の口寄せを信じ、その誰かを忠実・頼長親子だと考え、だから自分たちを憎むようになったのだ。頼長はこのように理解していた。

この呪咀騒ぎには政治的な背景がある。当時の天皇家は、鳥羽法皇が寵愛する美福門院および後白河天皇の一派と、崇徳上皇派とに分裂し、摂関家では関白忠通が後白河派、忠通の父忠実と弟頼長が崇徳派に分かれて対立していた。そこに源平の主だった武士たちが加わり、翌年の鳥羽法皇の死を契機に武力衝突となったのが保元の乱である。また鳥羽は生前から忠実・頼長父子を遠ざけており、後白河天皇即位の時点で二人は事実上の失脚状態にあったともいわれている。噂となった呪咀にこのようなウラがあったことは、押さえておく必要がある。

「愛息近衛の死が頼長らの仕業だという噂を、法皇は信じているのだ」。この理解自体が噂に基づくものであり、実際のところはわからない。ただ頼長自身としては、こうした政治的背景をもつ噂について、日記の中とはいえ「知らないものに釘を打てるはずがない」という、角が立つような言い訳で明確に否定していることは見逃せない。

彼がきっちりと否定しなければならなかったのは、のちに保元の乱として表面化することになる人間関係の方を憂慮したからだろう。実際に、愛息の死を悲しむ法皇がその噂を信じかねないことへの懸念が、頼長に重くのしかかっていた。そのため彼にとっては自分にかけられた日吉社による呪咀の恐怖よりも、政界における現実の人間関係の方が悩みの種だったのではないだろうか。このように呪いというものは、リアルな人間模様という下敷きがあってはじめて効果を表したのである。

呪咀だとわかって恐くなる

頼長と日吉社・延暦寺の事例でもみられたように、呪咀をかけられた場合には、それ相応の対処法が用意されていた。藤原実資(さねすけ)が「悪念呪咀を攘(はら)わんがため」に延暦寺の良円(りょうえん)に依頼し、大威徳法を修した事例

（『小右記』万寿四年〈一〇二七〉一二月二八日条）などもそれをよく示している。

『新古今和歌集』の撰者として知られる藤原定家にも、呪咀騒ぎに巻き込まれた経験があった。貞永元年（一二三二）一一月のある日、定家は自宅の橘の木に絹の小袋が懸けられているのを見つけた。中に梵字（が書かれた紙？）があるのをみてもそれほど驚くこともなく、女房たちの「護り」だろうと考え、そのまま忘れてしまった。

それから四ヶ月ほどたった最近になって、ようやく小袋が女房の手に渡り、そこではじめて中身をみた僧侶が驚き、「偏にこれ呪咀の梵字なり」と告げたという。僧侶は早く対応すべきだったと即刻自分の僧房に送り、しかるべき措置をとって川に流すよう弟子に指示した。これを聞いた定家は、そういえば昨年末からの体調不良が続いていたなどと記憶をたどり、「極めて以て恐ろし」く思ったと書いている（『明月記』貞永二年三月二三日条）。呪咀だと知ってはじめて恐怖を覚えたという、率直な心の動きがわかる貴重な史料といえるだろう。

もう一つ、文治三年（一一八七）に九条兼実が園城寺（三井寺）の呪咀対象になったケースをみてみよう。

> 家で尊勝陀羅尼（密教の呪文を唱えること）をおこなった。（中略）導師は園城寺の行暁法印。最近、あの寺の衆徒たちが平等院の人事で私を呪咀しており、「わが寺の僧

ならば、僧綱といえども兼実のための祈りをしてはならない」と誓いを立てているそうだ（「殿下御祈を勤仕すべからざるの由、衆徒起請をなすと云々」）。だから、僧綱たちも私の依頼を引き受けないだろうと思っていたが、試みに要請してみたところ、皆やってきた（「余、試みに園城僧徒を請じ、請に随いて皆来る」）。行暁もそのうちの一人だ。平等院の件で憤懣を抱いているのは寺全体ではなく、どうやら前執印に従う僧侶たちだけらしい。　（『玉葉』文治三年二月二五日条）

園城寺の衆徒たちは、人事問題で敵視していた九条家の祈り（「殿下御祈」）を引き受けないよう、上層部（「門徒僧綱等」）にも圧力をかけていた。呪咀騒動の背景には、こうした極めて世俗的な軋轢があった。

園城寺のような中世の大寺院の内部には、上と下、老と若、そして派閥の違いによる分裂が存在し、それを越えて僧侶集団が一枚岩になることは困難だった。こうした実情を熟知する兼実は、呪咀されている事実を知りながら、なかには応じてくれる僧もいるだろうと「試みに」祈りを依頼している。寺院勢力の内部事情をよく知る政治家らしい判断であり、実際に応じる僧侶がいたため、家の祈りを勤めることができた。

呪咀されている事実も含め、このような一連の経緯を記録していることからは、彼が呪咀をどうとらえていたかが透けてみえる。そこには、目にみえない世界への恐怖としてではなく、あくまでも世俗的なトラブルの一環として理解し、対策をとった一政治家の姿があった。

効く人にしか効かない

定家と兼実、ともに呪咀をかけられた二人だが、かけられたことを当初から自覚していたかどうかという点に違いがあった。

定家は、呪咀だといわれてはじめて自身の病気と呪いを結びつけており、僧の指摘がなければ、自分が呪咀対象になっていることさえ知らなかった。呪物（ここでは梵字）そのものを目の当たりにしたにもかかわらず、お守りか呪物かの区別さえつかずに、自覚のないまま数ヶ月を過ごしたことになる。一見すると、呪咀とはそれとわからなければ効果を発揮しないものとも思われるが、定家の場合、いったん呪咀の事実を知るやその効果は遡及的に発動し、今までの体調不良が急激に呪咀によるものと再解釈されてしまっている。呪咀が恐ろしいのは、そうとわかれば悪いことは何でも呪咀のせいだと認識されてしまうという、こうした思考の在り方にあった。

かたや兼実への呪咀は、本人にもはっきりと認知されており、それと知りながら自分に呪咀を仕掛けてきた園城寺僧に祈りの依頼までしている。特にこのケースでは、呪咀が政治的な意思の宗教的表現でしかないことを兼実は見破っており、裏側が透けてみえる呪いなど、彼にとっては何も恐ろしくなかった。また彼は、呪咀よりも「殿下御祈」のメンバー集めを気にしており、裏事情を知る呪咀は恐くないが、家の祈りができないことには懸念を示していることになる。この点も興味深いが、呪咀されていながら神社参詣を敢行しようとした頼長の事例とあわせると、理由を知ってそれなりの対処をすれば、呪咀もそれほど深刻に悩まずに済んだことになる。

呪咀に関しては、そもそも史料がそれほど多くはない上に、記録があっても定家のような恐怖の出来事として描かれるケースが多い。さらにそれを読む現代人には、どこか呪いが横行する中世という先行イメージがあって、呪咀記事を恐るべき中世の実態として読んでしまう傾向がないだろうか。しかしながら、中世人のすべてが呪咀のような負の力におののくばかりではなかったことを、これらの記事から確認しておくことも重要である。

戦争と祈り

幸福をもたらす祈りとは正反対のベクトルをもつ呪咀に話が及んだので、この節の最後に戦争と祈りの関係についても触れておこう。

平和の祈りという表現があるように、少なくとも現代日本では、祈りは平和的な営みとしてイメージされる。しかし、歴史上の祈りは平和のためだけになされるものではなく、戦いとも親和性があった。現在もみられる必勝祈願は、本来的に戦いに勝つこと、すなわち戦争において敵を倒す降伏（ごうぶく）（調伏）を意味した。古代・中世の戦争では、戦闘員としての兵士たちの働きとともに、僧侶たちがおこなう敵を倒すための祈りも重視されていたのである。

たとえば、仏敵として知られる物部守屋との戦いで劣勢に立っていた厩戸皇子（聖徳太子）は、「願に非ずは成し難けむ」（祈願しなければ勝利を成し遂げることはできない）として手早く四天王像を彫り、「今、もし我をして敵に勝たしめたまはば、必ず護世四王の奉為に、寺塔を起立てむ」と祈っている（『日本書紀』崇峻天皇即位前紀）。また平安時代の初期、日本海側で多発した賊船事件で、沿岸諸国に四天王像を本尊として祈るよう命じた例（『日本三代実録』貞観九年〈八六七〉五月二六日条）、一〇世紀に勃発した承平・天慶の乱で、「仁王会を修す。夷賊を征つ事を祈るなり」「大元法を修す。海賊の難を攘わんがためなり」（『日本紀略』天慶三年〈九四〇〉二月二五日条、承平六年〈九三六〉三月一二日条）とされたように、戦いに臨んでは読経・密教修法・奉幣など、多様な祈りが実施された。

平安時代の後半以降も、戦争と祈りはセットになっていた。保元元年（一一五六）に勃発した保元の乱では、後白河天皇方の平清盛・源義朝らが崇徳上皇方の拠点である白河殿に進軍した後、残った貴族たちは「祈念」していたという（『兵範記』七月一一日条）。武士が戦っている間、彼らにできたのは結局祈りだけであった。

敗者となった崇徳上皇・藤原頼長の陣営でも、やはり祈りはおこなわれている。戦闘が始まる三日前、平等院の勝尊という僧が「秘法」を修している最中に捕らえられた。彼は頼長の命令で祈っていたことを白状し、祈りに関する「本尊ならびに文書等」をすべて押収されたという（『兵範記』七月八日条）。頼長が命じた「秘法」に関する情報は皆無だが、まず間違いなく後白河天皇方に対する調伏の祈りだろう。ちなみに『保元物語』では、この間の動きを描いた章に「新院御謀叛並びに調伏の事」という題をつけている。

時代変われば祈りも変わる

「秘法」と表記された勝尊の調伏は、ごく少数によるものと考えられるが、寺院をあげて敵を調伏した事例もある。平家が都落ちするおよそひと月前の寿永二年（一一八三）六月、延暦寺では、一〇〇〇人の僧侶による薬師経の読経が「賊徒降伏ならびに天下安穏」のためにおこなわれた。またこの読経とは別に、延暦寺根本中堂（図9）でも薬師法という密教修法が実施されており、その目的も「賊徒御祈」であった。このとき降伏対象となったのは、北陸で平氏を大敗させた木曽義仲ら反平氏勢力である（『吉記』寿永二年六月一一日条）。

ところで気にかかるのは、これらの祈りが薬師如来にまつわるものだったことである。その名のとおり、薬師如来の功徳は「除病延命」にこそあるが（『阿娑縛抄』薬師）、戦時の祈りで本尊とされた理由は、『本願薬師経』が「他国侵し逼る」「自界叛き逆う」といった難事にも効能ありと説いたことにある（『大正新修大蔵経』経疏部）。安穏を祈ることと

図９　延暦寺根本中堂

敵を倒すこととは教義の面でも表裏一体の関係にあり、それゆえ戦争と宗教（勝つための祈り）の関係は、その後も平和的なイメージの裏で途切れることがなかった。

ここで時代を大きく降り、近代の事例をみてみたい。歴代天台座主の事跡を記す渋谷慈鎧編『校訂増補天台座主記』（一九三五年刊行）には、明治三七年（一九〇四）二月の日露開戦にあたり、当時の座主源応が「宗徒」にむけて出した「訓諭」の記載がある。そこでは「苟モ臣民タルモノ」として「平和克復」を期し、「三壇ノ御修法」や「皇威振張・四海鎮定ノ祈禱」を勤修することが述べられている。そして僧侶には修行と祈りに励むよう、世俗の信徒には「軍資」「恤兵」「遺族扶助」など、戦争を銃後で支えることの重要性と覚悟を説いた。さらに軍人に対しては、「自家後顧ノ心ナク」従軍して「平和ヲ永遠ニ克復スルノ大御心」に報いるようにと諭している。

敵を倒すために祈るのは中世と同じだが、異なるのは軍人に「後顧ノ心ナク」戦えるよう教導している点だろう。祈りの力によって敵を倒すことに焦点をあわせた中世に比べ、物心両面で戦争をサポートするべく、個々人の内面に踏み込んでいる点に近代の祈りの特徴がある。軍人に安心を提供しようとしたこの支援型の機能は中世にはみられないもので、戦争と祈りの関係は時代が進むにつれて否定される方向に進むのではなく、むしろ拡大発展あるいは深化していた面もあったといわざるを得ないのである。

本節では、日蝕・彗星を「正現」させない祈りから戦争での調伏まで、種々の祈りを検討してきた。当然のことながら、中世と現代の祈りには大きな違いがあった。天体に関する祈りなど、世俗の価値観の変化によって変わったものもあれば、縁結びや必勝祈願のように、願望はそのままにかたちを変えながら続けられるものもある。人により時代により異なるさまざまな願望の成就を世俗社会は求め、祈りを専らにする宗教界はそれに応えてきた。つまり人々の要請があれば、それに対応する祈りがこれからも用意されることになるだろう。次の節では、こうした両者の関係がどのように構築され、その関係の背後に何があるのか考察していくことにする。

祈りのデータベース

霊験の由来を語る僧

藤原道長の曽孫にあたる師通は、嘉保三年（一〇九六）のある日、数日前の郁芳門院（白河院皇女の媞子）の死により発生した「穢気」対策として「何法を行なわるべきか」と、父師実から問われた。そこで彼は大僧都良意に意見を求め、「薬師法、不動法などを修し奉るべし」とのアドバイスを受けている（『後二条師通記』嘉保三年八月一四日条）。また、すでに述べた三条天皇の眼病問題では、明救僧正が治病の祈りを提案し、それをうけた天皇側が使者を差し向けて情報を集めさせていた（『小右記』長和四年〈一〇一二〉五月一六日条）。このように、多様な祈りが世に充満していた中世にあって、その指南役を担ったのは僧侶たちであった。

僧侶が世俗社会に向けて伝えたのは、どんな祈りをおこなえばよいかという点にとどまらなかった。ある日の夕方、藤原宗忠が清水寺（京都市）で建設中の一切経堂を見て回っていたところ、堂の東側に泉があることに気づいた。そのことを寺僧に尋ねると、「この寺は水の確保が難しく、そのことで聖人さまがお祈りをされました。すると一昨年、この堂の前に泉が湧き出したのです」との答えが返ってきた。この時はじめて泉の由来を知った宗忠は「大いに以て随喜」し、神仏の有り難さを噛みしめつつこの水を飲み、「一たび清涼の水を飲めば、長く我が身中の業障を除かん」と願ったという（『中右記』康和五年〈一一〇三〉五月四日条）。

今なら案内板やガイドブックに載っていそうな霊験の由来について、ここでは僧が直接貴族に語っている。宗教界から世俗へ伝えられたのは、教えやおすすめの祈りだけではなく、霊験にまつわる歴史的な情報も含まれていたのである。清水寺の場合、たかだか二年前に湧き出した泉だったが、そんな直近の歴史も僧から貴族に伝えられ、記録されている。こうした身近なものでさえ霊験譚となる要素を秘めていたのであり、ましてや数十年あるいは数百年前の情報であれば、その場のパワースポット化を支えたであろうことは推して知るべしである。

貴族が宗教界に求めて得られた情報は記録・蓄積され、社会で共有されることになった。こうした情報共有は、どういった祈りを選択すべきか、その祈りがどれほど効果をあげてきたものなのかを知る上で、参考になった。

記録を検索する貴族たち

たとえば以仁王（もちひとおう）の乱にあたり、約二五〇年前に起こった平将門（たいらのまさかど）の乱を鎮圧した祈りの情報がもちだされたことなどは、その成果である。後白河天皇の皇子である以仁王は、平清盛によって父後白河が幽閉されると、その翌年の治承（じしょう）四年（一一八〇）、平氏追討の令旨（りょうじ）を発して諸国の源氏に挙兵を呼びかけた。その後、挙兵計画が発覚して源頼政（みなもとのよりまさ）らとともに逃れた彼を追討するため、朝廷では仁王会（にんのうえ）が開催されることになった。

のちに以仁王が殺されたという情報に触れた九条兼実は、その日の日記に「法験空しからず。かの天慶（てんぎょう）の将門、夕講未だ終らざるの間に、首を斬るの告げを得る（夕方からの高座が終わる前に、将門の首を斬ったという知らせが舞い込んだ）。経王（きょうおう）の功力（くりき）、古今同じくするところ、以て貴ぶべし貴ぶべし」と書いている（『玉葉（ぎょくよう）』治承四年五月二七日条）。現在の祈りの効果を記録するにあたり、兼実は過去に霊験があった平将門の事例を並べ、「古今」で変わらぬ「経王の功力」（仁王経による祈りの力）を礼賛（らいさん）したのである。

この場合、彼は二五〇年前に実施された祈りについての知識をもっていなければならない。将門の乱ほどの重大事案ではなくても、祈りにからんだ案件の記憶や記録は、世俗社会と宗教界の間に張りめぐらされた情報網を前提に、検索・引用が可能な状態にあったとみられる。

宗教界からの情報提供は、清水寺を訪れた宗忠のような参詣者にだけなされたわけではない。僧の方から貴族の邸宅に出向いてなされる「言談」でも、宗教的なことが語られた。

祈りを推す僧侶たち

長元五年（一〇三二）六月、源経頼のもとを訪れた仁海僧都は、雨を降らせる祈りとして珍重されていた請雨経法という真言密教について、以下のように滔々と語りだした。

請雨経法は、弘法大師空海が日本にもたらして以来、わずか七人しか祈っていない。その最後が私である。これまでこの祈りで雨を降らせたのは弘法大師と元杲のみで、あとの一人は験なし、二人は験の有無に関する記録がなく、もう一人は祈りの最中には降らなかったが、結願後に内裏に報告したときになって降ったものだ。私の祈りでは験があったし、褒美もいただいた。またそのときには、一四日間祈って三回も降雨があった。私が勤修したのは、弘法大師の時に龍王が現れたという神泉苑の中島で、七日目が終わるとすぐに白雲が立ち昇り、最終日にも「赤斑の蛇」が壇の下から出てきて池に入った。これらの奇怪な現象（「異相」）にはそれなりの理由があるのだ。

図10　神　泉　苑

（『左経記』長元五年六月六日条）

神泉苑（図10）とは平安京大内裏にほど近い池のことで、現在も二条城（京都市）の南側にある。有数の観光名所である二条城に比べると、ひっそりとたたずむとの表現がふさわしい静かな場所だが、ここは古来より多くの雨乞いを成功させてきたパワースポットでもある。空海から受けついだ祈りを担う者としての自信が言わしめたのだろうか、仁海は自分が修した時の模様を「事々により披露せず、今、次いでありて汝に語るなり」（いちいち言わなかったが、この機会にあなたに話すのだ）としている。

あなたには話しておこうという人の意図が皆に言いふらしてほしいのだとは限らないが、ここでは請雨経法の歴史を語りながら、師から弟子へと受けつがれていく密教上の師弟関係（法流）について、世俗社会にきっちり宣伝していることを重視したい。彼の言葉は自分自身や弟子たちの売り込みであり、こうした情報は父から問われた師通と同様、誰かに尋ねられるたびに拡散されたであろうから、貴族社会は仁海の期待どおりに動いたことになる。

また真言宗の高僧寛遍が、保元二年（一一五七）七月に東寺で孔雀経法を修した時の「言談」の記録も残っている。一九日に雨が降ったことをうけて勅使が東寺に向かい、二〇日には平信範も東寺を訪れて、寛遍に直接「随喜」を伝えた。そのとき寛遍は、「請雨経法十八度、孔雀経十度なり。以前の六ヶ度、この法、この壇場において行なはる」と、真言宗が誇る祈雨の歴史をたどりながら語っている（『兵範記』保元二年七月二〇日条）。仁海と同じく勤修回数に言及しているのは、空海以来続いてきた祈りのおかげで雨が降ったのだと、具体的に誇示するためだろう。この「言談」が特定の祈りを独占的に修する僧や宗派の価値を高めているように、宗教界からの情報提供には彼らの思惑が込められていた。

こうした語りを聞かされた世俗の人々はというと、彼らの方も自分たちの利害から記録に残していたと考えられる。情報は祈りや霊験所の歴史、そして効能にいたるまで幅広く、まずは願望成就の参考にするのが第一の利用法である。また情報の拡散と蓄積への寄与は、神仏との密な関係のもち方と、それによる霊験獲得の成功例を持続的に供給することにつながった。記録では、「随喜」「貴ぶべし」とする妄信的な態度ばかりが目についてしまうが、過去にもその力を発揮した祈りが今回も成果をあげたと記録することには、将来の霊験の信憑性を高める作用があったとみられる。過去から現在、そして未来へとつながる霊験の記録が社会的に定着することで、世俗の人々自身の持続的な安心感にもつながっていた。つまり宗教的な情報網の存在は、聖の宣伝と俗の安心というメリットをもたらしたのである。

成功例ばかりが多くなる

星が消えるようにと祈って消えなければ、その祈りは失敗というほかない。前節でも触れた天養二年（一一四五）のハレー彗星（すいせい）をめぐる祈りは、天台・真言両宗の高僧が失敗して非難を浴びた。彼らの祈りも空しく彗星は消えなかったが、鳥羽法皇は孔雀経法をおこなった覚法法親王（かくほうほっしんのう）（白河の皇子）に対し、星が消えていないにもかかわらず賞を与えた。人々はこの褒賞を「星出の賞（ほしじ）」と呼んだという（『台記（たいき）』天養二年五月三日条）。容赦のない皮肉というべきだろう。

その後も星を消すための追加策がとられ、そのおかげだろうか、しばらくして彗星はみえなくなった。この時に仁王経法（にんのうきょうほう）という祈りを修していたのが大僧都定信（だいそうずじょうしん）である。彼の祈りはその霊験を認められたものの、祈りと阿闍梨（あじゃり）の格でいえば覚法法親王による孔雀経法には劣るため、適切な論功行賞がおこなわれなかった。これについても「孔雀経、験なくして賞あり、仁王経、験ありて賞なし」との酷評が残されている（『台記』天養二年六月七日条）。

そもそも個別の祈りが失敗したという史料自体、成功に比して極端に少なく、「星出の賞」はその珍しい事例の一つである。そこで噴出した人々の揶揄や非難は、祈りの結果とは無関係になされた褒賞の恣意性・政治性に向けられたものであり、かつ法親王や天台・真言の権威が失墜したことへの嘲笑が主旨であろう。そのため、期待された現象を実現できなかった祈りへの不満や不信にはつながらず、貴族社会内部で消費される政治的な言説となってしまった感は否めない。

こうした個別の失敗への非難は少ないものの、祈りの効果がないことへの言及は皆無ではない。特に仏法全体の衰退や、末法という仏教的な終末観を持ち出しながら、漠然と悲観することは中世でもよくみられた。たとえば久寿二年（一一五五）五月、藤原頼長の妻の病気平癒を目的として七仏薬師法が実施されたが、祈りも空しく彼女は亡くなってしまった。その件に触れた平信範の日記『兵範記』は、悲しむべき結果を「既に末法と謂うべきか」と記すのみで、祈り手や祈りそのものへの非難には及んでいない（六月一日条）。病気回復の祈りを始めて対象者が死去したのであるから、ドライに考えれば失敗である。

しかし、信範はその責を阿闍梨に帰することはなく、ただ「末法」という、どう転んでも回避できない時代概念を挙げるのみであった。

末法とは、釈迦の入滅後二〇〇〇年経つと始まるとされる仏法衰退の時代のことで、日本では永承七年（一〇五二）に突入したと理解されている。宗教界が掲げる場合の末法は、たとえば寺社の損壊や所領没収といった宗教側の損害を大げさに「破滅」と訴し、それを末法に結びつけた。こうして仏法が「破滅」するかもしれないと危機感をあおりながら、世俗からの経済的支援等を要求する論理を末法思想の本質とみるのが通説である。一方、世俗が用いるケースでは、諦念まじりの感慨として率直に述べられることが多く、頼長の妻の死を「末法と謂うべきか」とした『兵範記』は、「星出の賞」のような非難を向けることなく、失敗の責任を時代のせいというかたちで霧散させてしまっている。

このように、祈りが失敗してもそれを個別に非難することは避ける傾向があった。その理由については、やはり祈りの背後にいる神仏への不信表明を憚ったからだと考えられる。どうせ祈っても治らないだろうとあきらめていた可能性も想定できるが、現時点でそこまで踏み込むことは控えておこう。ともあれ、成功例の蓄積が将来的な安心を生むというメリットにもなっていたから、記録に残る祈りの結果はいきおい成功例が多くなった。

祈りの成功を求めていた貴族社会では、誰によるどんな祈りが効くかという点にも大きな関心が集まった。もちろん明確に〈誰〉や〈どんな〉がわかる場合には、そのことを明示的に記録したが、そもそも祈りは同時並行的に実施され、したがって〈誰〉の〈どんな〉祈りのおかげかがわかりにくい場合が多かったことは確認したとおりである。では貴族たちは、このわかりにくさをどのように処理していたのだろうか。

霊験があればOK

藤原宗忠の日記である『中右記』には、この問題に示唆を与えてくれる記事がある。宗忠の家に体調不良を訴える者がいたため、承徳二年（一〇九八）九月六日、「雲居寺聖人」と呼ばれた瞻西を招き、新たに描かれた阿弥陀三尊の供養をおこなった。その時の説法は涙を禁じ得ないものだったというが、五日後の記事によると、新たに明賢聖人という僧が呼ばれているから、瞻西だけでは完治しなかったのだろう。その後、二四日にはまた別の院賢阿闍梨が一四日間にわたる千手法を終えており、その「験徳」で病が回復したと記されている。「病気になったら祈って治す」（一四頁）で指摘したように、やはり祈りは基本的に「一発必中」型ではなかった。

確認できるだけでも三人の僧侶が招かれているなかで、最終的に霊験を明記されているのは院賢のみであり、説法を優美と賞賛された瞻西についても効果に関する指摘はない。

実際に院賢に霊験があったと判断したからなのだろうが、依頼した方からすれば〈誰〉がということよりも、効果があればよかったということではないだろうか。

寛遍による孔雀経法（六〇頁）の評価も、祈りの失敗に関わる問題として見逃せない。彼の祈りは保元二年七月一六日に東寺において始められ、すぐには効果が現れなかったためか、その二日後には朝廷が二十二社への祈雨奉幣使を派遣している。奉幣使派遣の日に雨が降ったことをうけて、平信範は「未の剋、雨脚降る。急く神験を示すか、また孔雀経法の感応か」との感想を述べている。

その翌日にも雨が降ったため、東寺に勅使が派遣され、信範自身も二〇日早朝に東寺に赴いて喜びを伝えているから、結局は孔雀経法の霊験も認められたようである。しかし、新たな祈りとして奉幣使が派遣された当日に雨が降ったにもかかわらず、信範がまずは「神験」か「孔雀経」かという感想を述べていることも重くみるべきであろう。結局どちらのおかげなのか、『兵範記』は明確に判断していない。

この二つの事例からまず第一にいえるのは、霊験の判断は曖昧かつ恣意的なものだということである。「〇〇の祈りのおかげで××という現象が生じた」と認定する作業が困難である以上、曖昧に全体を称賛するか、恣意的にどれかを称えるかになってしまう。明らかに効果のあった特定の祈り、そして僧侶に対する感謝や称賛は惜しまず、加えて称賛すべき対象が特定できない場合でも、全体として神仏の力を称賛するという傾向があったとみるべきだろう。

中世の祈りは、このように霊験を与えてくれた神仏とその力全体を漠然と感謝するような仕組みになっており、批判や検証の対象とはならなかった。こうしたことが、さらに祈りへの非難を憚らせたのではないだろうか。

宗教情報データベース

霊験を獲得したい世俗社会と、それを提供できる力をアピールしたい宗教界との間には、祈りにまつわる情報網が形成されていた。しかしそこで交わされる情報は、聖から俗へ単純に送信されるだけのものではなかった。

嘉保（かほう）二年（一〇九五）五月、瘧（おこり）（マラリア）に苦しむ郁芳門院媞子（いくほうもんいんていし）が法勝寺（ほっしょうじ）円堂に参籠することになり、父である白河法皇も同行することになった。この件に関連して藤原宗忠は、円堂に安置される丈六愛染明王（じょうろくあいぜんみょうおう）が、以前にも法皇の病を治したことがあるとの情報を載せている。そして今回、媞子の病も回復させたことをうけ、彼は「先後の霊験」が末法にあっても仏の威光を世に広めるものだと絶賛した（『中右記』嘉保二年五月二七日条）。

ここで宗忠が書き記した情報を整理すると、①法皇と媞子の法勝寺参詣、②法勝寺円堂とその本尊丈六愛染明王について、③この本尊が現した過去の霊験、④過去に法皇がおこなった祈り、の四つになる。①は貴族の日記に頻出する貴人の動向の記録であり、それに個別寺院の情報（②）およびその仏像の歴史（③）を並記している。清水寺の泉の由来を聞き出したように、日頃からアンテナを張っていた宗忠にとって、この記述はさほど難しくはないだろう。その中から彼が現在と過去の霊験を結びつけているのは、将来の霊験の信憑性を高めることにつながっており、聖俗両方にとってメリットのある作業であった。

ただここで見逃せないのが、それらの情報を個人的な祈りの履歴（④）に結びつけている点である。④は法皇という特殊な立場にあるとはいえ、個人の病歴にも関連する。過去の先例、特に嘉例を重視する者同士の濃密な人間関係のなかに生きる貴族たちにとって、政治的キーパーソンの現在の動向だけではなく、過去の祈りさえもが重要情報となり得た。それゆえ彼らは、自分が同行したわけでもない父娘の法勝寺参籠のような伝聞情報と、それに関連する過去と現在の宗教情報をあわせて整理し、記録しているが、そのことの意味は宗教面にとどまらず、世俗面・政治面にも及んでいたのである。

聖俗にひろがる情報網によって、貴族たちは過去の宗教的な情報を入手することができた。また、彼らはその都度得られた内容を新たに加えていくことで更新を図っていた。こうして貴族社会は、自分自身の宗教的体験や宗教界からの指南を越えた、データベースをもつにいたった。

図11　源有仁（『天子摂関御影』より，宮内庁三の丸尚蔵館蔵）

行かない方がいい寺

このデータベースは、単に宗教界から発信されたものを蓄積しただけではなかった。そのことを次の史料からも確認しておこう。

邪気のせいで体調を崩した右大臣源有仁が（図11）、修学院（京都市修学院にあった天台寺院）に参籠しようと思い立った。それは、当寺が邪気に効くという評判を聞いていたからだが、一方で「件の所、大臣已上の人、籠もる由を聞かず」という「人々」からの情報もあったため、有仁はいとこにあたる源師時にアドバイスを求めることにした。

「修学院は大臣以上の者が籠もるような場ではない」。当初こういった事情を知らなかった様子の有仁は、師時に尋ねる前に自分でも情報をかき集めている。修学院では多くの人が霊験を得ていること、具体的にとある僧侶が最近邪気を消したことなどの情報を入手し、その上でどうすればよいかと師時に問うたことになる。そこまでした彼が修学院へ行きたがっているのは手に取るようにわかるのだが、師時は修学院が霊験あらたかな場所であることを認めつつも、多分「風」だし、冬場に参籠なんかすれば余計に「風ひく」ことになりますよと、にべもなく答えている（「寒月の比に籠もらしめ給ふ事、なを風ひく本体にてや御坐すらん」『長秋記』長承三年〈一一三四〉一一月二九日条）。

修学院の件で有仁が師時に相談を持ちかけたのは、霊験に関する知識を師時がもっていると期待したからであり、尋ねられた師時も期待どおりにアドバイスを返している。ただこうした助言をおこなうには、あの寺ではこうした霊験があった、この祈りにはこういう歴史があるというような知識を単純に積み重ねるだけでは不十分だろう。というのも、有仁が気にかけていたのは、修学院で祈ればどんな効果があるかという点にとどまらず、参籠する場所の格式といった貴族社会ならではのものも含まれていたからである。それは「この寺に行くことは、私にとって相応しいかどうか」というような、宗教性とは無関係だが貴族にとっては切実な情報であり、宗教界からの情報をそのまま受けとめるだけではなく、貴族社会なりの解釈などを踏まえて生み出されたものだった。

貴族社会は、自身の願望を成就させるためにどうすべきか、宗教界から多くの情報を得る一方、それを彼らなりに整理・編集して読んでいた。もちろん両者が大きく乖離することはほとんどないのだが、同じ宗教的な言説であっても、宗教界が提供するものと世俗が求めるものは同一ではなく、それを総合する視点が別に必要だったことは押さえておきたい。祈りに何を求めるかという点で、聖と俗は一体のようにみえて、実は微妙なズレを含んでいたのである。

薬師ではなく普賢に

平安貴族が宗教界からの助言を重視し、それに依拠していたことは事実である。その一方で、宗教界からの教えのみに依存したり、絶対視したりしていたわけではなかったことも重要で、僧侶に意見を求めず、自らの経験をもとに祈りを選択している例もみられた。

藤原頼長がまだ少年だった頃、飼っていたネコが病気になったため、自ら千手観音の絵を描いて「請う、疾、速かに除癒せんことを。また猫をして十歳に満たしめんことを」と祈った。するとネコはすぐに回復し、願いどおり十歳まで生きたという。こうした霊験体験をもつ頼長は、だから自身の顔にできた「瀝瘍」の祈願（「〇〇が叶ったら……」一九頁参照）では千手観音像を造らせたのだと回顧している（『台記』康治元年〈一一四二〉八月六日条）。自分自身で体験したからだという明確な理由により、頼長は強固に千手観音を信じるにいたった。その信念のもと、彼は僧に尋ねることもなく千手観音を選択したのである。

いったんなされた僧のアドバイスが、政治家の鶴の一声に覆されたこともある。建久二年（一一九二）九月、後鳥羽天皇の中宮（九条兼実の娘で、後の宜秋門院任子）の病を治すための祈りがおこなわれることになった。その際、何を修するかについて「御悩の祈り、

図12　蓮華座を支える白像（普賢延命菩薩像，部分，醍醐寺蔵）

須く七仏薬師法を修すべきなり」との提案がなされるが、その理由は、過去に行玄による七仏薬師法が皇嘉門院聖子の病を回復させたことがあるからだという。行玄は当時の天台座主で摂関家の出身、皇嘉門院は崇徳天皇の后妃で兼実の姉にあたり、その組み合わせは祈りの効果も人間関係においても申し分ないように思われた。

　ところが兼実自身は、かねてより娘の御祈には普賢延命菩薩（図12）を本尊とする普賢延命法がよいと考えていたらしい。おりしも兼実の弟である慈円の側近僧が、夢で慈円自らが中宮御祈の普賢延命法を勤修し、しかもその壇上にあった大瓶の中に、「不老不死の薬」があるのをみたという。夢を神仏からのメッセージと受けとめることもあった当時にあって、この夢告に確信を得た兼実は「いよいよ信力を起こし」、行玄の先例を覆して慈円を大阿闍梨とする普賢延命法の勤修にこぎ着けた（『玉葉』建久二年九月二七日条）。俗人である兼実は、家の先例や宗教界のアドバイスよりも、自らの信念を優先したのである。

以上のように、貴族社会は宗教界との密な交流によって宗教的情報を集めては蓄積し、必要な場面でそれを用いる態勢を整えていた。その情報は、自分たちが霊験を獲得するために利用され、その利用がさらなる霊験の確からしさを生む方向に働いた。つまり宗教界と貴族社会は持ちつ持たれつの関係にあったのであるが、全体として祈りを支えようとする方向性は同じでも、祈りの利用に関しては、世俗独自の価値観が入り込んでいたことにも留意したい。中世人は、自身の願望成就や信仰心のアピールとして宗教的な情報をとりいれ、そのアドバイスにしたがいはするものの、宗教界の作法やルールに縛られていたわけではなかったのである。

神仏と中世人のパワーバランス

恐るべき神仏

中世に生まれた僧兵

中世人は、祈りをとおして神仏との接触を試み、それが霊験（れいげん）というかたちで実感できた場合には、素直に喜んでいた。中世人と神仏の関係は、祈りを介してすがり、感謝するというかたちを基本とする。ただそれと同時に、恐怖を媒介にした関係が存在したことも忘れてはならない。

恐るべき神仏と中世人の関係を表す現象として、宗教暴力が挙げられる。中世宗教の特徴の一つは、暴力との親和性があからさまに表面化したことにあるが、それには歴史的な理由があった。一〇世紀頃の財政危機を乗り切るべく実施された国家体制のリストラ的再編にともない、それまで国家的な保護を受けていた古代寺院は、経済面などさまざまな意味での自立を迫られることになった。この試練を越えて中世寺院へと転身を遂げたものが、自立や自衛を名目に寺領荘園や僧兵をもちはじめたのである。

もちろん仏教の戒律でも殺生（せっしょう）は第一に禁じられていたから、中世寺院は自ら保有するようになった暴力を正当化する必要に迫られた。そのときに大きな役割を果たしたのが神仏の存在である。人々の願望を叶えるべくその力を発揮してきた神仏は、一方で宗教暴力を正当化し、また神罰仏罰といったかたちで人々を恐怖におとしいれる顔も持ちあわせていた。本節では、こうした神仏がもつ恐ろしさと、それを人々がどのように受けとめていたのかについて考えてみたい。

中世寺院のなかでも有数の勢力を誇った比叡山延暦寺（えんりゃくじ）は、多くの僧兵（そうへい）を抱えていたことでも知られる。その暴力が発揮された事実は、枚挙にいとまがないほどである。こうした武装僧侶を僧兵と呼ぶことが多いが、中世の当時にはなかった言葉である上に、僧侶たちの暴力的な側面のみを拾い上げて、祈りとの関わりをみえづらくしてしまう点に多少の懸念がある。そこで暴力と祈りの両側面を含め大きな力をもった僧侶集団を、当時広く用いられた「大衆（だいしゅ）」（図13）という言葉で呼ぶことにする。そして、大衆の力の源泉が何であったのかを考察するため、まずは延暦寺と園城寺（おんじょうじ）の合戦を素材に検討してみよう。

図13　延暦寺の大衆（『天狗草紙』より，東京国立博物館蔵）

比叡山による焼き討ち

そもそも両寺の対立の起源は、円仁・円珍両門徒という、延暦寺僧の内部抗争にまでさかのぼる。師を異にする弟子集団同士の対立は次第に激しさを増し、延暦寺を離脱した円珍門徒が山麓の園城寺に入ってからも、暴力・非暴力を問わずさまざまなかたちで続けられた。そのうちの一つである永保元年（一〇八一）に勃発した合戦について、『水左記』『為房卿記』『百練抄』などの史料に依拠しながら概観しておこう。

正月に催された日吉社の祭でのこと。暴行事件に巻き込まれた大津の「下人」（日吉社に隷属する人々）が日吉社の本寺にあたる延暦寺に訴えた。ところが何の沙汰もなかったため、彼らは日吉社のもとを離れて園城寺に走った。下人から従属・奉仕の確約を得た園城寺が、数百の「兵」を率いて日吉祭を妨害したことから両寺の衝突が始まった。

四月の末、延暦寺大衆が「数千軍兵」を率いて園城寺に向かうと、園城寺もまた「数千随兵」とともに陣を構えた。一触即発の状態が続くなか、六月恒例の日吉社神事が開催されなくなってしまう。祈りの停止を望まない朝廷は実施を命ずるが、園城寺大衆のなかの「心得ざる者」たちが命令に背いて祭を妨害したため、朝廷はその追討を命じた。これに恐れをなしたのか、園城寺側の「随兵」たちが逃亡したのを機に、数千人の延暦寺大衆が園城寺を襲撃する。ある貴族が集めた情報では、所蔵する経典や宝物などを運びだすのが精一杯で、個人所有の法文などはほぼ灰になってしまったという。織田信長に焼かれたことで知られる延暦寺だが、こうして他寺を焼いたことも一度や二度ではなかった。

しばしの小康状態を経て九月になると、今度は園城寺が軍兵三〇〇人を率いて比叡山に登り、火を放った。この攻防による死者は、園城寺側で二七人、延暦寺側は不明、負傷者は双方とも数しれずと記録されている（『水左記』）。この衝突を鎮圧するために検非違使や「武勇の輩」が派遣されており、その中にはのちに後三年合戦を戦う源義家も加わっていた。

その後、またしても延暦寺が報復にでて園城寺に火を放った。このとき焼け落ちたのは堂院二〇、経蔵五、神社が九、僧房が一八三にものぼり、その煙は「如意山」（如意ケ嶽）を越えて都からもみえたというから、被害の大きさがうかがわれる（『扶桑略記』『水左記』）。

典型的な仏法破滅現象だったからだろうか、この惨禍は世俗の人々に強烈な印象を残した。翌永保二年に「天下飢饉」が発生した理由について、人々が前年の焼き討ちで園城寺の仏像・経巻が灰になってしまったせいだと考えていたことからもそれはうかがえる（「俗に曰く、これ去年三井寺の仏像経巻焼失の災いに由る也」『扶桑略記』永保二年七月一六日条）。仏法に危害を加えると世俗社会に災いがもたらされるという考え方は、だから寺社を大切にせよという宗教側からのプレッシャーとして示されるのが通例だが、ここでは世俗の人々が発した俗説として記録されている。仏法破滅が飢饉という災いに帰結したと人々に考えさせている点で、仏法破滅を訴えて利益や保護を勝ち取ろうとする宗教側の思惑は、確かに奏功していたといえるだろう。

正当化してくれる神仏

現代日本からみた場合、僧侶が武力を行使することについては大きな違和感を覚えざるを得ない。ただ中世人にとってもそれは同じで、僧兵や悪僧の行動を日記に記録する貴族は、必ずといっていいほど「仏法破滅か」と歎いている。こうした世俗社会の非難の目に対し、彼らは自らをどのように正当化したのだろうか。

絶大な権力を掌握したとされる藤原道長が、騎馬のまま比叡山を登ろうとして投石被害にあったという史料はその典型である。その犯行は、「ここは檀那院ぞ、下馬所ぞ」と叫びながら道長一行を威嚇した覆面の延暦寺僧たち（「裹頭法師」）によるものであった（『小右記』寛弘九年〈一〇一二〉五月二四日条）。この件で捕らえられた僧は、聖域内は馬を下りるべきであって、騎馬のまま登山するようなら「たとひ大臣公卿なりとも髪をとりて引き落せ」といって憚らなかった。さらに、僧を監督する立場にあった天台座主覚慶自身も道長を非難する始末で、あげくの果てには「飛礫、三宝の所為か」と投石を「三宝」＝仏によるものだと主張している。

僧侶たちが自己の正当化を図るのは当然だから、この事件で注目すべきは世俗社会の受けとめであろう。藤原実資は、それを象徴的に示す「人の所為にあらず、もしくは山王護法、人心を催し狂わしむるか」という世間の評価を記録している。道長の無遠慮を否定的にみた一部の人々による批判にすぎないのかもしれないが、それにしても、世俗社会の側が飛礫の主体として護法神（「山王護法」）を持ちだしたことの意味は大きい。

もちろん、飛礫は疑う余地なく人間がおこなった投石である。しかし実資の記述からは、人々が飛礫の背後に神仏の作用を読みとっていたこと、しかもそれが宗教界ではなく世俗社会からの発信だったことがわかる。ここでも愁うべき事態を神仏と関わらせてとらえようとする思考の存在が確認できるし、またそれは世俗社会に定着していたとみるべきだろう。

さらにこの事件の場合、直後にたまたま道長自身が病気になってしまったという事実が大きい。その件で病気回復の祈りを依頼された慶円という僧は、「天台宗の護法神である日吉山王のタタリだという夢告があった」との理由で、道長の依頼を辞退した。このように、延暦寺と道長の対立はすでに言葉の応酬にとどまらず、神仏レベルの問題となっていたのである（『小右記』寛弘九年六月四日条）。

タイミングよく神罰にみえる現象が起こったのは延暦寺側にとって好都合だったが、それを人々が神罰と認識するためには、飛礫が神の仕業であり道長の病がタタリだということを、あり得べきものだとみなす観念の定着がなければならない。このケースではその考え方が確かに機能し、道長という権力者でさえ、神仏による懲罰対象になって当然のことと認識されるようになっていた。神仏が政治権力を相対化する可能性は、日本中世にも確かに存在したのである（それが世を覆い尽くすことはなかったが）。

バチがあたった悪僧

中世人は、誡めの背後に神仏の影をみていた。嘉承三年（一一〇八）六月一四日、行算という延暦寺僧の僧房に雷が落ちたことについて、寺では彼が「大衆張本」だから懲罰をうけたのだと噂になったという（「山上の人、頗るその懲に当たるの由、衆口嗷々」『中右記』嘉承三年六月一四日条）。

行算の行動を直接示す史料はそれほど多くない。ただ落雷の四年前に、悪僧と同心していた座主慶朝が暴力的に排除された事件の後、座主にかわって行算が延暦寺の政務をとったという一件が注目される（『天台座主記』長治元年〈一一〇四〉八月八日条）。悪僧に率いられた大衆による内部抗争が続く時期のことなので、行算もそういった悪僧グループの首魁として座主を排除し、寺務を乗っ取った可能性が高い。つまり先の噂は、行算自身が大衆を煽動して騒動を起こした張本人であり、だからバチがあたったのだと、多くの者が的確に見抜いていたことを示している。

また落雷から九日後の記事には、「最近、悪僧がみだりに動くので大衆も静まらない（「近日悪僧乱発し、大衆止まらず」）。そのため、比叡山の仏法は危機的状況にある」との託宣が下ったため、日吉社で大般若経供養がおこなわれたとも記されている（『中右記』嘉承三年六月二三日条）。「悪僧乱発」と、それに触発された「大衆止まらず」という状況を前にして、人々はその張本人である行算に降りかかった落雷を「懲」とみた。もちろん大衆の多くが、行算ら悪僧の所行を非難していたのだろう。しかしこの託宣は、彼らが止められなかった「悪僧乱発」について、後付けで神罰を受けるべき行為だったとみなしていることを意味するのではないだろうか。つまり、悪僧の行為が神罰でしか止められないほど暴力的なものだったと誇張し、それを制御できなかった自分たちの免罪符にするために、託宣が生み出されたと考えられるのである。

宗教暴力を行使する者の背後にはそれを正当化する神仏が存在し、他方で宗教暴力を止められなかった者の背後にも、暴力を許してしまった自分たちを擁護してくれる神仏がいる。そういった自己正当化の意図が人間側にあり、それが神仏に仮託されて表面化したのが託宣や噂であった。神仏の周辺で語られることには、人間の世俗的な思惑が隠されているとみるべきだろう。

強訴はなぜ効果的か

中世大衆の暴れ振りという点では、強訴に触れないわけにはいかない。強訴とは、大衆が朝廷に対しておこなった示威的な要求行動のことである。

ただし強訴での大衆は、武装はするものの朝廷に対する武力行使は抑制的で、神輿や神木など宗教的な威力にものをいわせた点に特徴があった。

天永四年（一一一三）に起こった延暦寺と興福寺の同時強訴の要因は、清水寺（京都市）の人事問題にある。この時代、院権力による強力かつ恣意的な人事介入が宗教界の反発を生むことがあった。加えてこのケースでは、二つの巨大寺院の利害がぶつかっていたため、事態は猖獗を極めることになる。

事件の詳細については省略するが、注目したいのは強訴の過程で起こった延暦寺による清水寺破壊事件と、それに対する世俗社会のコメントである。清水寺を末寺とする興福寺の大衆が人事の見直しを訴えて認められると、それに反発した延暦寺大衆が下山して朝廷に強訴を仕掛け、同時に清水寺を破壊した。当時の記録が述べる清水寺破壊の原因は、興福寺大衆が入洛する途中で破壊や強奪など「路次の損亡」（『大日本史料』第三編之十四、永久元年〈一一一三〉閏三月二一日条）があり、その被害にあったのが延暦寺の本社である祇園社だったからだという（『殿暦』閏三月二九日条）。つまり延暦寺による襲撃は、末社である祇園社が受けた被害への報復だというのである。

延暦寺強訴の焦点は清水寺の人事問題にあったが、世俗の記録者たちは襲撃理由について、人事ではなく祇園社への被害だと理解している。この点に関して延暦寺側の意思を直接示した史料はなく、あくまで記録者の推測にすぎない。しかしその推測の裏には、人事問題という世俗的な摩擦ではなく、神（＝祇園社）への攻撃という宗教問題に変換して訴える方が貴族社会には効果的だとする考え方があり、それゆえこのケースでも延暦寺側は人事ではなくその点を訴えたのだと、世俗の記録者が正しく汲みとっているのである。

このように、現実世界での政治問題をわざわざ神仏のレベルで語ることの意味について、宗教界のみならず世俗の人々もよく理解していたといえそうである。この時代、神仏に関わらせた恐ろしげな言葉があふれていたことは事実だが、中世人はそのウラをわかった上で、冷静に理解していた可能性が高いことも押さえておきたい。

中世寺院のストライキ

現実世界での問題を宗教的に語ることの前提には、神仏の力が世俗権力に一定の作用をもたらすのだという確信が存在する。そしてその力の源は、神仏であって暴力ではなかったということを、鎌倉時代の強訴で確認しておこう。

建暦三年（一二一三）七月、清水寺の法師が勝手に清閑寺（せいかんじ）の土地に堂を建ててしまった。清閑寺は延暦寺の末寺であったため報復攻撃が予想され、実際翌月には一〇〇〇人を越える延暦寺の武装集団が山麓の長楽寺（ちょうらくじ）（図14）に入り、態勢を整えた。これをうけた清水寺も城郭を構えて抗戦姿勢を示したため、検非違使が派遣されることになる。彼らの説得により、清水寺は武装解除に応じたものの、長楽寺にいた延暦寺大衆はそれを拒否して抵抗する構えをみせた。

これを知った後鳥羽院は、一人残らず搦め取るよう命令を下した。ここにいたって武士たちが長楽寺に乱入して逃げまどう大衆への攻撃を開始、僧を生け捕りにしたり首を斬ったりしたという（『天台座主記』）。この事件について藤原定家の日記『明月記』は、付近が

図14　長　楽　寺

「流血、池の如し」となったと記録している（八月三日条）。

比叡山上に逃げ帰った大衆による反撃が予想されたが、再び下山してきた彼らは武装すら施さず、山麓の縁ある場所へ散り散りに身を寄せるだけだった（『明月記』八月六日条）。実は下山する前、大衆は根本中堂（こんぽんちゅうどう）をはじめとする延暦寺の主要堂舎や関連寺社の扉を閉じ、一切の仏事をストップする措置をとっていたという。

この前代未聞の天台版ゼネストは政界に衝撃を与え、すぐに危害を加えた武士の処罰が決定された。さらに延暦寺上層部と協議のうえ、六月会（みなづきえ）や日吉祭など天台宗の重要儀式への勅使派遣を約した院宣（いんぜん）が出されることで、ようやく大衆は諸堂の門戸を開いた。のちに「閉門」と呼ばれたこの新たな強訴のかたちは、祈りをしないことが直接的に貴族社会に打撃を与えるのだと、あからさまに世に示すことになった。武力ではかなわない武士の頭越しに神仏の力が働いたもので、荒ぶる大衆の力の源泉はやはり神仏にあったというべきだろう。ただし、だからといってそれ以降、大衆の暴力的な振るまいがなくなったわけではないという事実も申し添えておかなければならない。

神鹿を射る武士

延暦寺と興福寺という二大寺院の同時強訴が発生した天永の事件では、双方の武力衝突が現実味を帯びていた。この未曽有の危機に直面した白河法皇は、それぞれの上層部に大衆の制止を命じ、大衆には上洛禁止命令を出した。また、興福寺に制止を求める藤氏長者忠実の長者宣（氏長者が出す命令書）も下され、さらには「衆徒の乱を停止せんがため」の祈りもおこなわれた（『大日本史料』第三編之十四、永久元年四月一五日条）。

こうした諸々の方策も空しく、興福寺大衆の制止はほぼ不可能だと思われたため、法皇は武士派遣にゴーサインを出す（『中右記』四月二四日条）。その五日後には大衆が都へ向けて進発し、宇治にまで進んできた官軍と衝突、寺側に三〇人を超える死者が出る事態となった。

この戦闘の後、ある興福寺の僧侶が都の貴族に対して次のような言い訳の書状を送っている。交戦にいたったのは事実だが、寺の方から手を出したわけではなく、両軍の間に鹿が走り出てきたせいだ。大衆のなかには、春日神の使いである鹿に「信を致」す者さえいたというが、官軍側の武士が鹿を射ようとしたため、怒った大衆が騒ぎはじめ、それが戦につながってしまった。だから一概に寺側のせいとはいえないのだ（「強ち衆徒の失にあらざるか」『中右記』五月七日条）。

春日の神の使いである鹿（図15）をあがめる僧侶と、それを射ようとした武士の対比が鮮やかな史料である。もちろん武士が神仏を一顧だにしなかったわけではないので、最初に射ようとした武士個人の不信心なのか、職務として畏敬の心情を押し殺したのかはわか

らない。よってここでは、鹿への攻撃を神仏への攻撃と同一視することで武士を断罪し、神仏側に立つ大衆を擁護しようとした興福寺の意図を確認するにとどめたい。ただし、神仏を笠に着るその思惑が当初から奏功せず、神鹿が射られていることもまた事実であった。

図15　春日社の鹿（『春日権現験記絵』模本より，東京国立博物館蔵）

「今においては」

神鹿を契機とする戦闘の直前、白河法皇と忠実は、それぞれ「たびたび留むべきの由を仰(おお)せ下さるといえども、全く承引せず。今においては軍兵を遣わし禦(ふせ)がるべし」（白河）、「今においては禦がるべきか、これ我が御寺を思わんがため強いて仰さるところなり」（忠実）とのコメントを出している（『中右記』四月二四日条）。法皇が武士派遣を決断し、忠実も防戦やむなしと判断したもので、両者は最終的に一致をみたことがわかる。

武士派遣にまつわる両者の言葉は同じようにみえるが、興福寺を氏寺とする忠実の方はより深い帰依の念を抱いており、決断にも苦渋がにじんでいる。同じ「今においては」でも、「ここまで我慢したがもう限界だ、今となっては言うことを聞かない大衆たちに遠慮することはない」という法皇と、「氏寺に被害が出ないようにしたいがもう策がない、今となっては武士派遣を押さえ込むことはできない……」という忠実とでは、大きな違いが含まれていた。

では、両者が一致しているのは何かといえば、ギリギリのところまで大衆を武力的に排除すべきではないという点である。この大衆への遠慮ともいうべき態度は、彼らが背負う神仏への畏敬や恐怖に由来するものであった。それゆえ対応に苦慮した貴族社会は、「凡(およ)そ衆徒の事、人間の力及ぶべからず。早く大御祈を行はるべきか」と答申し、祈りによる解決を模索している（『中右記』天永四年五月四日条）。ところが、「人間の力では解決できない」（「人間の力及ぶべからず」）というこの言葉も、次の白河法皇の言葉とあわせれば、額面通りには受け取れない可能性がでてくる。

神鹿の一件後、軍勢を捕縛するため南都に検非違使が派遣されたが、逆に追い返されてしまった。これをうけ、法皇は「凡そ今度の大衆張本、なお沙汰すべきなり。然らざれば興福寺中いよいよ濫悪絶えざるか」との見解を示したという（『大日本史料』第三編之十四、永久元年六月四日条）。

ここでの法皇の認識は、「大衆張本」を何とか「沙汰」（処理すること。ここでは捕縛などの具体的な措置を講ずること）することこそが解決の鍵だというものである。政権を構成する個々の貴族の口から出てくるのが「人間の力及ぶべからず」、つまり神仏世界の力に頼らざるを得ないというセリフであっても、その実は大衆のリーダーさえ捕らえれば鎮静化できる、というのが政権の理解であった。もちろん、神仏を背にいただく大衆を憚る姿勢があることは確かだが、強訴や合戦という深刻な場面でさえ（あるいはだからこそ）、彼らは言葉の上で遠慮を示しながらも、その実はリーダー捕縛を命ずる現実的で冷徹な政治性を発揮していた。そこに、言葉どおりの神仏への憚りはなかったのではないだろうか。こうしたみえない神仏への言葉上の憚りと現実の政治的行動とのズレが、中世の宗教を複雑にみせていたといってよい。

恐るべき神人たち

中世にあって現代にないものは多い。宗教の関連分野でそれに該当し、それゆえに現代からみてわかりにくい存在の一つが神人（じにん）である（図16）。

図16　春日神人（『春日権現験記絵』模本より，東京国立博物館蔵）

神人を辞書的に定義するならば、神社に従属し、奉仕した下級の神職ということになる。ただ中世前期の史料上に登場する神人（「神民」とも表記された）は、宗教的権威を背景として、外側に広がる世俗社会で特権的な経済活動を繰りひろげた。そしてその活動は、場合によっては暴力をともなった。寺院と神社を切り離すことが困難な中世にあって、彼らは寺院の大衆とともに強訴や闘争など暴力的な場面に登場することがあり、しばしば「悪僧神人」とひとくくりにされてもいる。このように、彼らは神職とはいえ、現在のイメージとはほど遠いのが実情であった。

それを確認するために、いくつか事例を挙げておこう。たとえば、海上で略奪行為を働く海賊たちが神人を名乗ったという史料がある。検非違使に捕らえられた海賊が、自分は「八幡神人」であると言い張り、その七日後に今度は「海賊の首、俄かに祇園神人を称」したため、検非違使が祇園社に問い合わせることになった（『中右記』永久二年〈一一一四〉三月四日・一一日条）。

長治元年（一一〇四）にも「熊野大衆」と称する者たちの「悪事」が問題になったことがある。そのとき『中右記』は、「この二〜三年は諸社の神人や諸寺の衆徒による蜂起が多い（「諸社神民・諸寺衆徒、かたがた以て蜂起す」）。彼らは他人の田畠を押領し、財宝を強奪している。それればかりか、京都では夜ごとに強盗や窃盗をはたらいている」（九月二五日条）と、当時の状況を整理している。強盗や押領問題をすべて「神民」「衆徒」の仕業とするのはまとめとしても乱暴すぎるが、この当時、「神民」＝神人が社会問題の一角だという認識があったものと評価しておきたい。こうした史料をみるかぎり、神人は祈る人ではなく戦う人であった。

また長治二年六月には、神人たちが祇園社の祭で開催された田楽をめぐり、抜刀騒ぎを起こしている。祭の警備にあたった馬長童（検非違使の下級職員）との喧嘩が原因で、検非違使中原範政が部下に指示して搦め取ろうとしたところ、逆に神人が検非違使の部下を斬りつけて負傷させた。ところが騒動はこれで終わらず、夜になって二〇〇人もの祇園神人が大内裏の陽明門に集まり、範政の処罰を要求したのである。このとき神人たちは神輿に矢があたったと朝廷に訴えているが、『中右記』によれば、神輿に矢があたったというのは「無実」（ウソ）だという（六月一四日条）。

神人の言い分が仮に本当であったとすると、神輿という神の象徴への危害をことさらに強調したオーソドックスな強訴ということになる。しかし、もし彼らの言い分が指摘どおりウソだった場合、彼らは偽ってでも神輿の破壊を訴えることがどういう結果を生み出すのか、周到に計算していたことになる。神威の毀損の訴求力は絶大であり、神人たちには捏造であっても効果があるはずだという自信さえあったとみられる。つまり彼らは、世俗社会が神仏の力を恐れ憚るであろうことを熟知していた。

海賊騒動も根は同じで、自称「神人」たちが八幡（石清水八幡宮）から祇園へと所属先を変更したこと、また翌日の記事で海賊のリーダーの一人が伊予国の者で、かねてより海賊の疑いがあったことから、やはり正式な神人ではなく詐称しただけの可能性が高い。この点を踏まえると、捕まった後でも「〇〇社の神人だ」と称すれば事態が好転するかもしれないと、神人ではない彼らですら考えていたことになる。

○○社の神人になることのメリットは、後ろ盾としての神威を得られることに尽きるだろう。犯罪人が詐称する神威でも、貴族が憚ってしまう可能性があったように、神人は悪事さえ正当化してしまうような強烈な神仏の加護を背負い、それを利用して権益を拡大しようと戦う存在であった。

榊を立てる神人

強訴で先頭に立つこともあった神人は、都を離れてもその存在感を示していた。天養二年（一一四五）の「紀伊国大伝法院陳状」（『平安遺文』二五五四号）は、そんな紛争における彼らの活動ぶりを伝えるものである。

事件のきっかけはこうである。紀伊国内の大伝法院（根来寺）領に対し、日前・国懸神宮（以下、日前社と表記）の造営費用が賦課された。大伝法院は一方的な賦課に反発し、自らも国家のために祈る由緒正しい寺だと主張、政治的権威を笠に着て負担を拒否しようと試みた。しかし日前社はそれを許さず、あくまでも費用を責め立てようと神人を派遣する。日前社の神人たちは、大伝法院領荘園である山東庄の住人を搦め取り、衣服を剝ぎ取るなどの凌礫に及んだ上、住宅に「榊」を立てて帰っていったという。神人が荘園をめぐる紛争のいわば尖兵となっているのである（図17）。

現在も神事などでみかける榊だが、それを立てることにはどんな意味があったのだろうか。たとえば、東寺領荘園である伊勢国大国庄で押領事件が発生したときも、「或いは

図17　乱入する春日神人（『春日権現験記絵』模本より，東京国立博物館蔵）

庄田に榊を立て、或いは制止の御札を立て」られたといい、被害をうけた側は、相手方の行為を「神威を募り寺領田地を掠め領む」と表現している（『平安遺文』一一三七号）。また長寛元年（一一六三）の大和国石名庄（奈良県天理市）では、前年から春日社の神人が榊を立てて押領していた。そのことを訴え出た石名庄は、春日神人の行為を「指せる証文を帯びず、長者宣を賜らず、恣に神威を募り」おこなわれた「以ての外の猛悪」だと非難している（『平安遺文』三二六九号）。このように榊を立てることは、それが象徴する神威を背景に、差し押さえなどを排他的に遂行する行為であった。

右の二つの事例で、榊を立てられた側はいずれもその行為を非難していた。その対象は、神人によって暴力的に推し進められた押領行為が中心だったが、「恣に神威を募」ったこと自体に矛先が向けられている点にも注意したい。石名庄にとって押領のみが問題なのであれば、榊を抜き棄てて原状回復に努めればよい。しかし、基本的に押領行為が不当だからといって、その榊を抜いてよいわけではなかった。榊の背後にある神の威力は、侵してはならないものと理解されているのである。

こうした暗黙のルールがあって、どうにも手出しができないからこそ、彼らは訴訟という手段に出るほかなかった。そこで榊によって生じた損害をなくすためには、神威を濫用していると相手方の不当性を突かなければならなかった。対立する両者ともに神の威光をおとしめようとする意図がうかがえないように、神仏の力の作用とその不可侵性は、中世社会においては当然の前提となっていた。

榊を抜く人々

中世社会には、神仏の力を宿すものとされた榊に対して、手出しができないとする不文律が存在していた。先ほどそれを「当然の前提」だったと評したが、実は榊が抜かれたという史料もかなり残っている。

国衙（諸国に設置された役所）と現地荘園の関係者が対立していた春日社領阿波国富田庄では、荘園内を流れる吉野川にあった「内津」（荘園内の渡し場）において、現地の神人が年貢を積んでいる船に榊を立てて「点し定め」ていた。この行為は、年貢が正しく積み込まれたかのチェックとみられるが、そこへ数十人の国衙の使いが乱入して「神威を憚らず、彼の榊を抜き棄て」た上、国衙支配下の「国津」に持ち去ったという（『鎌倉遺文』二九三七号）。

春日側が榊を立てたのは、日常的な対立によって敵方の略奪行為が予想されるなか、業務を阻害されないよう期待したものである。要は、榊があれば敵も手出しできないだろうと考えていたことになるが、一方で敵が榊をものともせず抜き棄てたという現実も存在していた。

先にみた日前社と大伝法院の衝突でも、大伝法院側の山東庄住人が榊を抜き棄てている。その際に両方から出された抜き棄てをめぐる言い分には、注目すべき違いがある。榊を立てた日前社が強調したのは勝手に榊を抜くこと自体の罪であり、「猥りに恣に御榊を抜き捨」てたことは「冥顕の譴め」を逃れられないと断罪した（『平安遺文』二五五四号）。「冥顕」とは、目にみえない世界（「冥」）と人間の住む現実世界（「顕」）を並べた概念で、このように表現することで、榊を抜いた者たちが宗教的な罪と世俗的な罪の両方を問われるべきだと主張したものである。しかし、「冥」の「譴め」という宗教的断罪が絶対ならばそもそも榊は抜かれないはずであり、ここでも現実はそうではなかった。

なぜ榊に象徴される宗教性は、絶対ではなかったのだろうか。それに関しては、当事者である日前社が興味深い発言をしている。彼らは「去年傍輩の誡め重きを見ながら、御榊を抜かしむるの凶類、あに院庁（いんのちょう）の誡め無からんや」（去年、別の者が榊を抜いて懲戒をうけたことを知りながら、このたび同じ事をした凶悪な者については、必ずや院庁による懲戒があるだろう）と非難している。ここで日前社は、過去の「誡め」にも懲りない大伝法院が、院権力による懲戒を受けるのは当然だと考えている。

ここからは、日前社が神仏による懲戒を言葉としては表明しながらも、現実には世俗権力の裁定を期待していたことがうかがえる。彼らは神仏という目にみえない存在の懲罰に頼る不確かさを補うべく、より確かな世俗権力の懲戒を求めていた。榊を抜いた側だけではなく、抜き棄てを非難するために冥罰の恐怖を強調するはずの日前社までもが、神仏の力に現実的な実効力を認めていたわけではないのである。

榊を抜くのは恐かったか

一方、榊を抜き棄てた山東庄住人たちは、自分たちの行為をどのように考えていたのだろうか。それをみる上で重要なのは、訴訟文書に登場する覚鑁（かくばん）という僧侶の存在である。

この騒動の時点で亡くなっていた覚鑁は、大伝法院の開祖として崇敬される人物である。彼は生前から榊を抜く人々を擁護していたと考えられ、その行動をもって日前社から「冥の譴（せ）め無きにあらず」と非難されている。敵対する日前社からのこの指摘は、榊を抜く抵抗運動によって多少なりとも恐怖や罪悪感を感じていたであろう住人たちの精神的負担を、覚鑁が軽減していたことを推測させる。

覚鑁という宗教的権威をいただきながらなされた抵抗運動は、その権威が亡くなった後もその力に仮託されていた。山東庄住人は、覚鑁の臨終でも人々が手を合わせて有り難がったと述べており、「智行の高徳」「無上の井心」をもつ覚鑁をそしった日前社こそ「これ冥の譴めか」といって憚らなかった。こうして覚鑁という権威をもちだしつつその聖なる価値を高めたのは訴訟に勝つためであり、延いては自分たちの生活を守るためであった。このように世俗の人々は、祖師の宗教性を借用しながら敵方の宗教的権威を軽視するという、宗教性に対するダブルスタンダードをとりながら日々の暮らしを送っていた。

もう一点、山東庄住人が榊を抜くにいたったきっかけにも注目しておこう。日前社はこの当時、山東庄以外に園部庄という荘園にも神事費用の負担を求めていた。これに対し、山東庄よりも前に園部庄の人々が日前社への抵抗姿勢をみせ、榊を抜き棄てたという事実がある。実は山東庄は、その事件を「後日」に聞き知った上で蜂起し、榊を抜いていた。つまり彼らはまず事態を静観しており、園部庄での抜き棄てを確認した後で、その抵抗運動に同調したとみられるのである。

こうした点を踏まえるなら、山東庄住人は怒りにまかせて榊を抜き棄てたのではなく、園部庄と日前社の衝突ぶりを横目で見ながら抜き棄てるかどうかを協議し、タイミングを見計らって「後日」に抜き棄てたことになる。そのとき彼らの心中にあったのは、榊を抜き棄てる宗教的な恐怖よりも、現実世界における政治的なかけひきではなかったか。

「院庁の誡め」に期待する日前社と、「後日」に「競い起(きそいた)」った山東庄住人たちの事例からは、抜かれた側と抜いた側がともに榊に象徴される神威のみに依拠していたわけではないことがうかがえる。訴訟上の言葉として榊を抜くことの重みは確かに存在したし、榊によって生じる生活上の不自由さこそが、抜き棄てという抵抗を呼び起こした面もある。したがってその起点となった榊には、生活を停滞させ得る力があったことは間違いない。しかし実社会において、それが人々の行動を縛りきってはいなかった現実も確認しておきたい。生活上の必要があれば、中世人は神仏を恐れず榊を抜き棄てたのである。

背かれた熊野権現

榊という宗教的なシンボルが奏功しなかったケースをみてきたが、こうした目にみえない力が世俗的・政治的な力に敗れる事例は他にもある。そのうちの一つ、紀氏某子という女性の寄進所領(きしんしょりょう)が押領(おうりょう)された永保(えいほう)三年(一〇八三)の事件をみてみよう。

そもそもの発端は、某子の夫である政輔(まさすけ)が冤罪により投獄されてしまったことにある。この事態に、某子を除く親族・従者は政輔との関係を断ってしまった。その後、赦免されて故郷に帰った政輔は、離れることのなかった某子の恩義に私財譲与というかたちで報い、本人は出家を決心する。

ここへきて登場するのが、政輔の弟奉国(ともくに)である。彼を中心とする親族たちは、政輔を絶縁したことを忘れたかのように、先祖代々受け継いできた土地を、アカの他人（「異姓非門」）である某子に渡すのはいかがなものかと兄に迫った。政輔と某子もその言い分をもっともなことだと考えたようで、土地を奉国に分け与え、彼女に譲られていた分は熊野に寄進してしまった。奉国らが熊野に渡ったこの土地さえも自分たちのものだと主張したため、いったん寄進を受けた熊野大衆も黙ってはおらず、国司に訴えるにいたった。

ところが、国司は奉国側に有利な裁定を出し続け、熊野側は苦しい立場に立たされることになる。その際に示された彼らの言い分には、次のような気になる箇所がある。

> （われらの訴えを）前任の国司はあれこれ理由をつけて認めず、一度の賄賂(わいろ)のために永く熊野権現(くまのごんげん)に背くことになったのだ（「一旦賄賂の利潤に耽(ふけ)り、長く三所権現(さんしょごんげん)の護持に背く」）。ここにいたってわれらは、この件が人力の及ぶところではなく、密かに神が導いてくれるのを待つばかりだと口をつぐみ（「偸(ひそ)かに神明の相示すを待つのみ」）、提出した訴状を取り下げて立ち去るしかなかった。そうこうしているうちに、思いがけず新たな国司が着任した。これは、偽りのない人物に正しい判断をさせようと、熊野権現が示した新たな霊験である。
>
> （『平安遺文』四九四九号）

熊野大衆によると、当初国司が自分たちに耳を貸さなかったのは、奉国から賄賂を受けとっていたからだというのである。

カミか、カネか

熊野側は、この土地が紀氏某子の「滅罪生善(めつざいしょうぜん)」と「貧道単孤(たんこ)の衆」のために祈ることを期して寄進されたものだと主張する。その言い分には、神聖な目的で寄進された土地を押領しようとする敵方の悪を強調するねらいがあったが、効果はなかったといわざるを得ない。逆に世俗性・政治性を帯びる賄賂という手段が、少なくともここでは宗教的な理論武装を凌駕してしまっている。

さらに興味深いのが、賄賂を受けていた前国司の退任後の話である。賄賂によって生まれた国司と奉国の結託を前に、熊野大衆はただ祈ることしかできず、いったんは訴えを引き下げてしまった。ところが新任国司の登場によって状況が一変すると、熊野権現が過去の不公正を正すために「正直の吏」を遣わされたのだと主張しはじめる。彼らの態度は「神明の相示すを待つのみ」という状態から、強気に霊験を自画自賛するまでに変わっているのである。

この豹変ぶりは、言葉の上では霊験という神仏の力を借りているが、その実はあくまでも現実の政治状況に依拠したものでしかない。つまりこの一件は、神仏の力がそれ自体で確かな作用を及ぼすことは難しく、現実世界の力学の方が勝っていたこと、そしていざそれを表現する段になると宗教的な要素で修飾していることを示すものである。

現代からみれば過剰に宗教に依存しているようにも映る中世人だが、彼らも一様に神仏への恐怖におののくばかりではなかった。宗教世界と現実世界の規範がぶつかった場合、強訴に苦慮した白河院のように、一定のラインまで宗教性を尊重したことは事実である。しかし、その一線を越えると神仏への尊重は二の次でもよいとすることがあった。それゆえ、ある時は立てられた榊に抵抗できずにいるが、またある時には榊を抜き棄てるようなことにもなったのである。

では、中世人がなぜ恐るべき存在である神仏を恐れないでいられたのか、次の節ではその前提となる恐怖、特に神仏が与える冥罰（みょうばつ）の問題として考えてみたい。

形式的に神仏の罰を恐れる

「針千本」の源流

子供の頃、友達どうしで「ゆーびきりげんまん、ウソついたらハリセンボンのーます、ゆびきった」と約束したことのある方は多いのではないだろうか。そのとき、ハリセンボンを飲むことを真剣に恐れたから約束を守ったのかどうか、遠い昔となってしまった今、筆者自身は覚えていない。

ともあれ、約束を破らないようあらかじめ罰則を規定しておくこうした行為は、中世人もおこなっていた。それが起請文（きしょうもん）の作成である。起請文とは、約束を破ったり偽りの証言をしたならば、神仏の罰（冥罰）を受けてもかまわないとして誓いをたてる文書（もんじょ）のことで、平安後期ごろに登場した。

たとえば東寺僧明海（みょうかい）が作成した起請文は、任された経典管理の仕事を遺漏なくおこなうこと、また宗教上の教義作法に関わる秘密を他門の僧侶に伝授しないことなどを誓約し、違犯すれば「現世は仏天の罰を蒙り永く冥加を失い、後生は悪趣に堕ち永く出離あるべからず」と記している（『平安遺文』二八四三号）。「冥加」とはみえない神仏から受ける加護のこと、「悪趣」とはこの世で悪事を働いた者が死後に行く場所のことである。つまり明海は、誓いを破れば生前は神仏から守られなくなり、死後は地獄や餓鬼道（図18）・畜生道から出られなくなっても仕方がないと明言したことになる。

このように、起請文は誓いの内容についての部分（前書）と、その誓いを破ったらどういう罰を受けるかという部分（罰文）で構成されていた。中世の約束事には、ハリセンボンではなく神仏が顔をのぞかせていたのである。

図18　餓鬼道（『北野天神縁起絵巻』より，北野天満宮蔵）

禁酒を誓う僧侶たち

現代でも、健康上の理由などで禁酒や禁煙を心に誓う人はいるだろう。それでも失敗したという話を聞くから、その苦労は並たいていではないと思われる。それは中世人も同様で、わざわざ紙に書いて禁酒を宣言した人がけっこういた。

厳成という僧侶もその一人で、彼は酒を一杯だけにすることを誓い、もしそれ以上に重ねてしまった場合は神罰をうけ、今生(こんじょう)では幸福を享受することがなくなってもかまわないとの起請文を書いている(「幸に恣(まか)せること無きに為(お)いて、今生は罷(まか)り過ぐべしと申す」『平安遺文』三二二九号)。少々大げさな気もするが、彼にとって禁酒は今生の幸福と引き替えなければならないほどの一大事だったのだろう。

鎌倉時代に活躍した東大寺の学僧である宗性(そうしょう)も、禁酒を誓った一人である。彼の禁酒起請文には二つの条件がついており、一つは起請文作成の当日から一〇〇〇日の間だけであること、もう一つは「病患を治さんがため」の薬として、一日に三合だけならOKというものだった。真面目な人からすれば滑稽な言い訳にしかみえないかもしれないが、さらにその八年後、宗性は次のような起請文を作成している。

敬(うやま)って申しあげる。生涯、いや未来永劫に断酒する。酒は放逸(ほういつ)の原因であり、多くの罪の元凶である。しかし、私は一二歳の夏から四一歳の冬に至るまで酒を愛飲し、酔狂してきた。よくよく考えてみると、その過ちは確かに悪道に堕ちる罪だった。顧みれば正しくないことが多く、深く後悔している。今後は未来永劫、酒を断つ。二度と味わっては飲まない。ただし、本当に治りにくい病気の時を除く(「但し、如法(にょほう)真実に難治の時を除く也」）。願わくはこの善き縁により、願わくはこの功徳により、現世では余命を長くして病気もなく仏法を学べるように、来世では必ずや弥勒菩薩の住まう兜率天に転生し、この目で菩薩にまみえて正しい理解を得られることを願うものである（「現世久しく余算を持ち、身に病患なくして仏法を学び、当生必ず兜率を詣で、眼に慈尊を礼して恵解を開かん」）。

仁治四年（一二四三）正月一日に禁酒を始める。　権律師宗性　四二歳

（『鎌倉遺文』六一四六号）

これを読んでどうお感じになっただろうか。気合いのこもった決意だけは十分に伝わってくる文章だが、あくまでも二度目の禁酒宣言であり、一〇〇〇日限定だったとはいえ、前回の誓いをすっかり忘れているかのような口吻が何ともいえず面白い（本人は真剣なのだろうが）。

形式化する起請文

宗性の二度目の禁酒は半永久的なもので、その決意の表れとして彼は一二歳からの飲酒歴や相当の酒乱だったことまで告白している。それについては多少の誇張もあると思いたいが、それはさておき宗性は、ここでも「如法真実に難治の時を除く」（ホントにホントの病気の場合は飲んでもよい！）とするのを忘れていない。また彼は、禁酒によって積算される功徳が現世と来世の幸福につながるようにと

の文言を入れ、罰文は書かなかった。

恐るべき罰を入れないかわりに、言い訳めいた但し書きをあらかじめ書いたことについて、いたって真面目に冥罰を恐れるあまり、違反の可能性を想定して入れなかったのだと推測するのは容易である。しかし、逆に何度約束を破っても飲まされることのないハリセンボンと同じで、冥罰も形式的なものでしかないのではと考えることも可能だろう。こうした文書上の表現のみで評価を下すことの危うさは承知の上だが、恐怖にかられる中世人イメージを罰文だけで増幅させてしまうことにも、やはり問題があるといわなければならない。

約束を守らせる力としての冥罰の恐怖が、宗教界においてさえ形式的なものになる傾向にあったことならば、次の史料からも認められるだろう。

一つ、起請文の案について。

敬白(けいびゃく)、天罰起請文の事。右、今日は○○〈その内容を書くこと〉という事情があるので、集会(しゅうえ)には出席することができません。お許しください。もしこれが、集会を欠席するためのあざむきやウソであれば、大仏三尊・八幡三所・二月堂観音の罰をわが身に受けることを誓います。

○○年　月　日　○○〈名前を入れること〉

この案文(あんもん)のとおりに提出すること。欠席理由については、体裁にしたがって記載すること。理由を明らかにできない場合は、前項の規定（秘密である旨を書けば内容は書かなくてもよいとする条項）にしたがって記載すること。

（『鎌倉遺文』三〇四六八号）

右の史料は、東大寺の集会を欠席する僧侶に対し、理由を明記した起請文の提出を義務づける鎌倉末期の寺院法である。寺院で開催される集会を欠席する場合、その理由が正当なものであること、またその理由に偽りがないことが要求され、それを証明するために起請文の作成を求められることがあった。加えて急な提出が叶わない場合でも、まずは欠席の許可を得た上で後日必ず提出するよう規定するなど、起請文による許可申請が重要な役割を果たしていたことがわかる。

しかしながら、欠席するにあたって起請文を書くという手続きを見越し、寺院側が右のような雛型を用意していたこと自体に注意が必要だろう。この雛型は、事情や理由の部分と日付・名前以外は定型文であり、そこを埋めれば済むようになっている。個別の事情を少々書き足して提出すればよいという手続きの簡略化が第一の目的であり、大筋としては形式化の方向に進んでいたことは間違いない。

もちろん、ここまで簡略化しながらもなお起請文提出を求めたところが中世の特徴であり、そのことも忘れてはならない。また現代ならこうした手続き上のテンプレートを用意するのが普通だが、ことは神仏への誓約の問題である。型通りに提出すれば済んでしまうという手続き化と、それを寺院が率先して実施していることには、個人的事情と罰の恐怖の狭間で、葛藤をともないながら神仏に向きあって真摯に誓約するという姿勢はみあたらない。

起請文の形式化からは、手続きとしてのみ必要とされた罰文の姿が浮き彫りになる。そのような罰文からどれほどの恐怖が生じていたのか、またそういった罰文を裏付けとする誓約に、どのような価値が認められていたのか。起請文とその「失」、そして多くの神判の実例をとおして中世人の心性に迫った清水克行の研究に導かれながらみていこう。

起請文の「失」

起請文は、神仏に誓って偽りなく述べるという性質上、世俗のトラブルにも登場した。訴人（原告）と論人（被告）の言い分が食い違うことは中世の訴訟でも同じで、裁許者はどちらの言い分が正しいのか判断を迫られることになる。中世では、すべてのケースではないものの、一つの指標として参籠起請（さんろうきしょう）というスタイルを採用することがあった。

参籠起請とは、たとえば自分は無実だと誓いを立てた場合、一定の期間・特定の場所に籠（こ）もって誓いの真偽を判定するもので、鎌倉幕府の裁判でも実施されることがあった。そしてもし偽りだった場合、参籠期間中に発生するとされたのが「失」である。「起請文失条々定」という史料によると、「失」とは参籠期間中に鼻血が出ること、病気になること、ネズミに衣装を食われること、カラスなどの「尿」がかかること、飲食時にむせることなどが該当する（『鎌倉遺文』四七八四号）。つまりこの規定によるならば、参籠中に鼻血が出た者の言い分はウソだと判定されてしまうことになる。

「失」には右で挙げたもの以外にも、乗っている馬が「斃る」（死ぬ）とダメ、体から血が出ればダメなどというものもあった。ただし、たとえば出血には「揚枝を用ふる時ならびに月水の女および痔病の者を除く」との付帯条項があり、日常の中で起こり得るケースを慎重に排除している。誓いの真実味とは何の関係もないものや、理不尽なものが多いと感じる一方、但し書きの慎重さからは、かえって幕府の本気度もうかがえる。

鎌倉幕府の歴史を綴った『吾妻鏡』にも、実際におこなわれた参籠起請の記録がみえる。甲斐国の市河高光（法名見西）が、妻である藤原氏女と落合泰宗との密通を訴え（寛元二年〈一二四四〉七月二〇日・八月三日条）、これをうけた幕府は氏女と泰宗に起請文の提出と荏柄社（鎌倉市）への参籠を命じた。その結果を確認した幕府実検使の報告によると、七日間の参籠で「失」はなく、彼女は晴れて潔白の身となったという。

鼻血を出したら有罪か

実はこの密通訴訟の裏には、夫（事件後に離別したので正確には元夫）である見西と妻氏女の所領トラブルがあった。氏女が市河の地に嫁いだ当初、見西はもし離別したら屋敷や所領を彼女に譲り渡すよう契約していた。したがって密通事件の真相は、氏女から契約履行を求められた見西が、所領を渡すまいとして誣告（わざと虚偽の内容で訴えること）した可能性が高いのである。

そうなるとますます気になるのは、参籠中にもし氏女が鼻血を出していたらどうなっていたかという点だろう。たまたま彼女には「失」がなかっただけで、つい鼻血を出してしまった多くの中世人が無実の罪を問われたのではないか、やはり中世は野蛮で不合理な時代だったということなのだろうか。

この点については、次の史料を踏まえる必要がある。密通事件の六年前、幕府は裁判と起請文の関係について、以下のような見解を表明していた。

証文が明白な時は何の問題もない。もし証文が確かでないなら、証人の言い分を採用すること。証文が明らかな場合、証人の証言を用いることは理に適わないだろう。また、証文と証人がともに明白でなければ、起請文を書かせるべきである。証文と証人の両方が明らかならば、起請文提出には及ばない。

（『鎌倉遺文』五二九三号）

裁判において、幕府は①証文の存在、②証人の証言、③起請文の提出という順で重視していたことがわかる。したがって、参籠中に鼻血が出たらウソだといわれてしまう状況は、確かな証文や証人があれば、基本的には避けられることになっていた。およそ八〇〇年前の中世人も、文書に書かれたことを尊重していたのである。

現代人からすれば、裁判や契約といった合理的判断が求められる場に神仏の意思を持ち込むこと自体に違和感があり、またこうした面を前近代的な特徴とすませてしまいがちである。それは一面で妥当なのだが、佐藤雄基によれば、それぞれ勝手に主張を展開する訴訟当事者を前にして、神仏という外部の存在を持ち込むことで公正さを保とうとしたことに本質があるという。

裁判というのはあくまでも人間的な営みであり、神意を尊重する中世にあっても合理的判断とのバランスが図られていた。史料上の表現として神仏に関する要素はどうしても目立ってしまい、それにとらわれてしまいがちだが、全体として理非(りひ)を判断しようとする中世人の姿勢にも目を向けるべきだろう。そしてそのことは、おそらく裁判以外に登場する冥罰についても同じだったのではないだろうか。中世文書を読む際、派手な冥罰文言に流されすぎてはならないのである。

争いのなかの冥罰

大伝法院領の紀伊国渋田庄(きいのくにしぶたのしょう)では、この地をめぐり大伝法院と興福寺西金堂(さいこんどう)が相論を繰りひろげたことがある。その際、「冥罰」という表現が大きな役割を果たしていた。仁平元年（一一五一）に大伝法院の住僧たちが作成した解（上申書）によりながら、事件の経緯と両者の主張、そしてその中で「冥罰」という言葉がもった意味について考えてみたい（『平安遺文』四七二六号）。

　まずは興福寺の訴えである。そもそも当地は、西金堂修二月会の勤行のため一〇〇年ほど前に喜範という僧侶が寄進したものである。興福寺を氏寺とする藤氏長者の申請を経たまっとうな荘園であり、それについては代々の国司も認めてきた。ところが近年になって、「院宣がある」と称して大伝法院が押領したため、そこからの収益に頼る西金堂の勤行が維持できなくなった。この状態をなんとかしたいのだ、というのがその要点である。

　これに対し、大伝法院は次のように反論する。興福寺側の主張は不審な点だらけだ。そもそもこの地とわが寺との間には、弘法大師が密教道場を開くために狩場明神の犬に導かれてやって来た当初からの謂われがある（渋田庄にはその犬の墓もある！）。ところが大伝法院が一時的に廃れてしまった混乱に乗じ、喜範らが渋田村を相伝私領と称して荘園を立てようとした。これを代々の国司は承認しなかったが、興福寺がたまたまある国司との縁を利用して荘園を認めさせてしまった。しかし、ほどなくこの認可は取り消されており、「在地近隣」（地域住民）の者たちも興福寺の〝押領失敗〟を「明神の冥罰」だと噂している。

裁判において自己正当化を図るそれぞれの言い分が食い違うのは当然で、興福寺が手続き的な正当性を、大伝法院が地域で認められてきた歴史を重視している点は対照的だが、そのなかで大伝法院が持ち出した「明神の冥罰」という表現に注目する必要がある。この「冥罰」は、国司が興福寺荘園を停止したことをさし、大伝法院側が興福寺側の不当性を強調する文脈で訴訟書類に書き込んだものである。国司の荘園停止という世俗の行政的措置に対し、この言葉によって神仏による負の判断が下ったことになった。もちろんそこには宗教的な悪というレッテルを貼ろうとした大伝法院の思惑が透けてみえるわけで、神仏の名を語って優位に立とうとした当時の宗教勢力ならではの戦い方といえるだろう。

さらに重要なのは、この事態を「冥罰」と表現したのが「在地近隣」だったことである。大伝法院の僧たち自身が直接的に興福寺側を「冥罰」相当だと非難したのではなく、いわば周辺住民の口を借りて「冥罰」だと言わせたかっこうである。この場合、実際に「在地近隣」が「冥罰」だと噂していたのかどうかは確かめようがないし、それは問題ではない。ポイントは、大伝法院が地域住民を巻き込む方が得策だと判断していることなのである。

この大伝法院の主張にはどんな意図があるのだろうか。懲罰対象者を悪だと判定するものとして神仏の罰（＝冥罰）が利用されていたことは、前節でみたとおりである。渋田庄で冥罰が使われたのは、やはり敵方をおとしめて自分たちを正当化する手段としてであるが、そこに組み込まれたのが地域住民であった。彼らが「神仏が興福寺に『冥罰』を下した」と判断しているのだから、そう指摘された興福寺にこの地を治める謂れはない、したがって大伝法院こそが正当なのだという論理を構築しようとしたものだろう。飛礫や神鹿の背後にいてその行為を正当化した神仏と同様、ここでも神仏およびその冥罰による正当化がキーワードとなる。

罰文の広がり

誓いを破った場合のペナルティーをあらかじめ設定しておく罰文は、社会に定着して広がりをみせた。たとえば神仏への寄付行為（＝寄進）をおこなう際、奉納するモノ（土地や物品、金銭など）やその理由などを記した寄進状に罰文が入ることがあった。それは、寄進が祈りの対価としてなされることを基本とする、一種の契約だったからである。

妙阿弥陀仏（みょうあみだぶつ）という尼が作成した東大寺大仏殿への寄進状はその一つで、彼女は相伝所領を「滅罪生善（めつざいしょうぜん）」や「慈父悲母兄ならびに骨肉有縁無縁」の往生極楽などを願って寄進したことを表明し、もし子孫のなかにその趣旨に背く者がいたならば、現世では「多病短寿」となり、後生（ごしょう）には「無間地獄（むげんじごく）」に堕ちるだろうとしたためている（『鎌倉遺文』九五五七号）。せっかく神仏に寄進した土地が、誰かに押領されてしまっては神聖な目的も台無しである。そこで寄進状に罰文を入れることで、未来の押領者に対しあらかじめ呪いをかけるような機能を込めようとしたものである。

このように、罰文は誰かに恐怖を抱かせて約束を守らせようとするものだが、その恐怖が形式的なものでしかない可能性があるとすれば、もう少し現実的な機能があったとみるべきかもしれない。それがどんなものなのか、次のようなケースから考えてみよう。

嘉禎二年（一二三六）九月に作成された寄進状にも、「もし違乱せしむるの輩あらば、永くわが神の讎敵に准ひ、冥顕の刑罰を蒙るべし」という罰文が存在する（『鎌倉遺文』五〇四三号）。この寄進の背景には、山城国に所在する興福寺領薪庄と石清水八幡宮領大住庄の間で起こった大事件があった。両庄の住人たちによる用水相論から喧嘩となり、双方の背後にいた興福寺と石清水を巻きこみながら、神輿・神木を担ぎ出す強訴の応酬に発展したのである。

その過程で、石清水側への処分がないことに不満をもった興福寺大衆が「閉門」を敢行する。ところが内部に亀裂が生じており、興福寺大衆に対して夜討ちを仕掛ける者がいたという。そこで大衆は、神人を派遣して「夜打方」を襲撃し、彼らの拠点を焼き払った（『春日社記録』嘉禎二年七月二三日・八月六日条）。この焼き討ちで攻撃対象となった領主たちの所領は、興福寺への背信を理由に没収され、春日社に寄進されることになった。その際に作成されたのが、当該の罰文付き寄進状である。

このケースの罰文は、興福寺による没収を正当化するためのものである。特に夜討ちという暴力的な反発があったこともあり、「遠くは深重(じんじゅう)の神恩を蔑ろにし、近くは当時の理訴を忘」れたというように、領主たちの悪行を強調している。さらに、寺院への放火を「仏法の怨敵、守屋大臣・平大政入道の如し」と表現し、聖徳太子(しょうとくたいし)の時代の仏敵として悪名高い物部守屋(もののべのもりや)や、南都焼き討ちを命じた直近の仏敵である平清盛に準えた。

現実世界へ越境する冥罰

こうした入念な非難は、目にみえない罰の恐怖によって将来的な報復を封じ込めようとしたものにみえるが、その射程は観念の世界にはとどまらなかった。春日の神の「讎敵」として「冥顕の刑罰」を受けるだろうという文言は、渋田庄のケースと同様、罰を受けて当然の悪だと相手方をおとしめることで、現実の訴訟への影響を期待している。神仏の罰は、それを掲げて約束を守らせる場面でのみ力を発揮したのではなく、現実世界での価値判断にも影響していた。

罰文にはこうした機能がそなわっていたため、寄進状以外にも含まれるようになる。延久元年（一〇六九）に大隅国(おおすみのくに)の国司が発給した国司庁宣(こくしちょうせん)（国司が現地に出した命令書）は、台明寺(だいみょうじ)の境内と所領内部での狩猟を禁じたもので、殺生禁断の聖地として代々の国司が禁制を加えてきたにもかかわらず、近年ではそれが守られていない状況があることを指摘、重ねて禁止するよう寺側に伝えている（『平安遺文』一〇三六号）。そしてもし制止にしたがわない者があれば、その身を捕縛し姓名を報告するよう郡司に命じ、最後に「現世」での逮捕と「後生」で「仏種を断つ」ことを付け加えた。

禁酒も密通の否定も、それを誓った本人が神仏との間で交わす誓約であり、そういう形式が採用されるのもうなずける。また、寄進状には土地の寄付行為にまつわる契約という面があり、約束を破るかどうかにかかわるため、神仏への誓いとそれを破った場合の罰則を載せることも理解できよう。ところがこの国司庁宣は、世俗権力による禁止命令にほかならず、宗教的な罰を登場させる必要性はなきに等しい。にもかかわらず、中世の世俗権力が宗教性を媒介させているのは、執行対象が冥罰を受けるべき存在であると神仏側からの断罪を加味することで、執行に正当性が生まれたからではないだろうか。

中世社会は神仏を重んじる側とそうでない側を差別化し、重んじる側に立つことをよしとした。だとすれば、ハリセンボンが効くのは飲まされる時の苦しみがいやだからではなく、ウソをつけばハリセンボンを飲まされてしまうという弱い立場に置かれる状況を解消したいからではないか。つまりは正当性回復の問題としてとらえるべきなのである。

ちなみに、本書のプロローグでお守り・お札に言及した際、多少強引に北野天満宮の「飼牛守護」の護符に触れているのにはわけがある。十数年前、天神さんで「飼牛守護」

の護符をみかけて何となく欲しくなり、授与を申し出た。すると自宅で牛を飼っている方でないとお分けするのは……とやんわり断られてしまった。もちろん飼ってはいないので、「研究のため」と言い張って頂戴したという経緯があり、研究用という言葉がウソにならないよう今回なんとか組み込んだ。巫女さんと指切りはしなかったが、神仏に対してウソをついたわけではないという立場を確保するために、人は行動することがあるのだと実感した次第である（実現に一〇年以上かかってしまったが）。

わかりやすい罰を

このように、宗教性には直接関わらない世俗的な約束や命令にも、罰文を入れることが広がっていった。次に考えるべきなのは、罰文に込められているはずの宗教性と、世俗性との関係であろう。その際にヒントになると思われるのが、罰文のバリエーションである。罰文には、神罰・仏罰・冥罰とのみ書いて具体的な内容を書かない場合と、どんな罰かを具体的に書く場合とがあった。また内容を書く場合でも、現世と後生にわたる罰か、現世での罰のみかなどの違いもある。そこにはどんな意味があったのだろうか。

応保二年（一一六二）、大和国（やまとのくに）にある東大寺領の住人為末（ためすえ）が大仏に供えるための米を納めたが、「返抄（へんしょう）」（領収書）がないということでトラブルになった。起請文を提出することになった為末は、もし自分の主張に偽りがあったなら、五人の子と別れることになってもかまわないと宣言している（「五人子コノワカレヲ、三日七日内シサフラハム」『平安遺文』三二〇二号）。

誓いを破った場合の罰として、ここでは子供との離別という非常に現世的な苦痛が登場している。この文言は他の起請文と同様、冥罰と引き替えに自らの約言の信憑性を高めようとしたものだが、為末が意識したかどうかは別として、神仏世界を象徴する教義上の難解な言葉で煙に巻いてしまおうというものではない。あくまでも為末自身が、自分の生活のなかで痛手となるものを選択し、表明したものである。

他にも生活に密着した罰を載せている事例がある。「人間は「愛敬」が大事」（四〇頁）で触れた橘恒元（たちばなのつねもと）の起請文では、「愛敬（あいぎょう）」を失って願望の成就は望めず、農業もうまくいかず、病となって路頭に迷うことを不幸とみなして並べており、これらも現世的でわかりやすい罰といえるだろう。

また、田畠を寄進した顕心（けんしん）という僧侶は、寄進状の内容に違犯した場合の罰について、門弟や親類たちは、決してこの田畠を奪い取ってはならない。もしこの寄進状に背く者が現れたならば、寺としてその者を訴え、速やかに処罰するように。その者は、今生では必ずや「白癩黒癩（びゃくらいこくらい）」の苦しみを受け、後生では再び罪を犯して無間地獄に堕ちるだろう。また、作人（さくにん）たちが転読のための費用を納めなければ、「作主職（さくしゅしき）」を没収

して寺の支配下におき、寺が勤めをまっとうするように。（『鎌倉遺文』一八一七三号）

と記している。門弟や親類には堕地獄という観念的懲罰が、百姓には「作主職」（耕作権）没収という現世的ペナルティーが課されており、該当する者にとっての痛手が人ごとに選択されていた。

禁酒を誓った宗性もそうだったように、起請文には罰ではなく幸福を約束するものもあった。讃岐国善通寺（香川県善通寺市）では、「大師御忌日料二石」（一斗が仏供、八斗が八大師御霊の供料、一石が僧への御酒料）などというように、所有する免田等からの収取がどんな仏事を支えているかを記入した上で、耕作可能な田畠に増減があっても何とか仏事勤修を維持すること、取り決めどおりに勤めれば「世々生々に福徳寿命の身を受け、後生には必ず三会の期に値遇せしむ」ことを書き添えた（『平安遺文』八二四号）。

「福徳寿命」は「富と寿」そのものであり、「三会」とは弥勒菩薩が五六億七〇〇〇万年後におこなうとされる説法のことをさす。つまりここでは、契約を履行すれば現世と来世の両方で幸福が与えられることになっていた。寺に地子（土地からの収益）を納める農民や氏人たちに対し、少なくとも文面上は罰をもって強制するのではなく、幸福を保証することによって怠りなく勤めるよう仕向けていたのである。

こうした身近でわかりやすい表現が用いられたのは、定型的で難解な表現では恐怖を与えることができなかったからだと考えられる。中世人のなかには、宗教界が提示する宗教的な恐怖から相対的に自由に振るまえる者もいたが、そういった人々に対するリアルな恐怖として採用されたのが、右のような身近な表現だったのではないだろうか。つまり、中世人には型通りの宗教的恐怖を型通りに受容する人々と、そうではない人々が存在していたと推測されるのである。その差が生じるのはなぜなのか、次の節でさらに追いかけてみよう。

生活と宗教の衝突

聖域と世俗社会

仏門に入ることを「出家（しゅっけ）」という。この言葉が示すように、世俗社会に生きる者が仏法の世界に入るには越えなければならない一線がある。その一つが戒律の遵守であるが、基本的に宗教生活をおこなう信者が守るべきルールであって、社会に生きる者すべてを縛るものではない。

こうした聖と俗を隔てるラインは、空間的にも設定されている。境内や結界（けっかい）など宗教的に他とは区別された聖域がそれで、中世では広範に拡がる荘園所領もその内側だと考えられていた。そこは宗教的な論理で守られるべきエリアであり、理念上は殺生（せっしょう）などの破戒（はかい）行為が禁じられた場所だった。しかし、広大な領域には狩猟・漁撈（ぎょろう）や伐木などを生業（なりわい）とする俗人が現実に暮らしており、聖域としての宗教的規律と俗人の生活感覚が衝突するという問題を完全に排除することはできなかった。

このような聖俗の摩擦が生じる場面において、神仏の存在はどのように取り扱われたのだろうか。常に宗教的価値が優先され、それを憚って世俗の生活者の利便性は制限されたのか、それともそうではなかったのか。また前節で検討したような、神仏の罰を恐れない人々をどう位置づけるべきなのか。こうした点について、まずは聖域での樹木伐採をめぐる争いから考えてみたい。

報恩大師の建立とされ、天皇や国司の長寿を祈る観音霊験の地として知られるのが備前国金山寺である（図19）。仁安三年（一一六八）二月、この寺の住僧たちが伐採をめぐる問題を国衙に提訴した。住僧の言い分に基づいてその内容を整理すると、以下のようになる（『平安遺文』三四五二号）。

われら金山寺僧は、当寺の樹木を伐って自分たちの衣食に使うようなことはせず、神仏を飾り付けることだけに用いている。それほど神聖なものなのに、民が憚ることなく伐採したため、木々は大幅に減少してしまった。聞くところでは、国司の許可を得た在庁（国衙に勤める現地の者）や百姓らの仕業だという。われらは在庁と国司の結託ではないかとの疑念を抱いている。そんな状態ではろくな仏事ができないし、それは悲しむべきことだ。仏法を興隆するためにも、またこれまでも励んできた天皇や国

図19　金　山　寺

司の安穏を祈り続けるためにも、伐木の禁制が必要である。先代や先々代と同じように、今の国司も百姓たちに伐採禁止を徹底させてほしい。

こうして僧たちがまず聖域内の樹木の神聖さを強調したのは、神仏に仕える自分たちでさえ憚るのに、世俗の人間が伐るなどとは以ての外だと非難し、百姓たちの罪障を訴えようとしたからである。宗教性を重んじる側とそうでない側との差別化が、訴訟など世俗的な営みにおいても功を奏した当時にあっては、オーソドックスな主張といえる。

その差別化の基準は、つまるところ宗教側の営みを阻害するかどうかという、宗教側からみた価値判断にすぎない。たとえば下総国にある伊勢神宮の御厨（神社への供祭物を調進するために設定された所領）では、「末代希有の土民」が「後の神罰を顧みず」に神事のための負担を怠っていると訴えた（『平安遺文』三一二一号）。前節での考察を踏まえれば、こうした非難を浴びた世俗側が、実際に神罰を顧みなかったかどうかということよりも、むしろ神罰を顧みないような罪深い存在だとのレッテルを貼ることに目的があったとみてよい。

しかしながらこの金山寺のケースでも確認できるように、そういった宗教界の思惑とは無関係に、生活者である世俗側が聖域を憚らなかった事実を重くみたいと思う。

伐採される霊木

古来より、多くの参詣者を集めてきた摂津国の勝尾寺（図20・21）。「勝運ダルマ」などで知られるこの名刹でも、聖域の侵害にまつわる訴訟が確認できる。勝尾寺衆徒の解状（上申書）によりながら、その訴えの内容を検討してみよう（『鎌倉遺文』三九八〇号）。

勝尾寺は、桓武天皇の皇子が結界を結んで以来「山禽野獣」が来て敬い、「百草万

図20　勝　尾　寺

木」が首を傾けて礼拝する聖域である。そしてそのことは、「都鄙の道俗」にも知られている。ところが近年では、「山下の辺民」や「国中の悪党等」が寺領に乱入し、勝手に殺生や伐木をおこなうようになった。こうした事態にも、制止する力をもたないわれらは放任するしかなく、あまりの酷さに止めようとしても、罵詈雑言を浴びせられる始末だ。

こうして衆徒たちは、この地での勝手な殺生・伐木の停止を求めて提訴に踏み切った。その際、彼らは「いずれの山にか樵採なからん、なんぞ強いて経巻礼拝の霊木を伐らんや。いずれの山にか禽獣なからん、なんぞ強いて霊地結縁の有情を害さんや」との論陣を張っている。寺院にとって寺領は聖域であり、そこでの殺生や伐木は許すことのできない行為だ。なのになぜ民は、わざわざこの地の「有情」（生きもの）を殺し、この地の「霊木」を伐るのか。この聖域以外に山がないわけではないのに。

図21　勝尾寺の勝運ダルマ

図22　「聞法」の志をもつ鹿（『春日権現験記絵』模本より，東京国立博物館蔵）

宗教性を盾に自分たちの権益を守ろうとする衆徒は、聖域内の樹木や動物すらも「経巻礼拝の霊木」「霊地結縁の有情」（図22）と言い換え、聖域外のそれらとの差別化を図っている。聖域の網を動植物にまで広げた上で、聖なる生き物を傷つける行為を宗教的な悪として断罪し、訴訟において優位に立とうとしたものである。現実の問題を宗教のレベルに変換することが有利に働くという考え方を前提に、彼らはその公算のもとでこうした言葉を用いていた。

同様の事例は、鎌倉初期の法隆寺にもみられる。当寺では「上岩壺閼伽井」と呼ばれる井戸から閼伽水（仏前に供えるための水）を汲んでいたが、その後しばらく使用しない時期が続いたこともあって、井戸付近の樹木がすべて伐採されてしまった。ところが、岩壺の水を使うよう託宣が降りたため使用の準備を進めていたところ、先月になって「閼伽井」近辺の田を耕す「田堵（たと）」（田地を耕作する者）らが、またしても勝手な伐木をおこなっていることが発覚する。そこで僧侶たちは、彼らの狼藉（ろうぜき）を停止し、今後は山林伐採がないようにしてほしいと法隆寺別当に訴えた。その結果、別当は先例のとおり伐採を禁ずる判決を下している（『鎌倉遺文』三九二一号）。

聖域と非聖域の境界線

提訴した法隆寺僧の言葉には、「田畠耕作の事においては、全く以て制止を加えることなく、ただ曠野（こうや）ばかりなり」という箇所がある。この「曠野」という語は「田畠」と対になっており、世俗の民が生活を送る上で必要な糧を得る耕作地ではないことを意味している。

法隆寺僧の主張を改めて整理すると、以下のようになるだろう。われらがこの地への侵入を許していないのは、寺の霊験を維持するのに必要だからである。加えてそこは耕作地ではなく、民にとっては無用の地である（だから「曠野」）。民が木を伐る場所は他にいくらでもあるはずだ。われらとしてはこの地での伐木をやめてほしいと訴えているだけで、それ以外の場所での営みすべてを問題視しているわけではないのだ。

このように、勝尾寺と法隆寺のいずれの場合においても、宗教側が設定した聖域と世俗の住人との摩擦が問題になっている。中世では、世俗の人々が生活のために聖域内部に侵入し、宗教的なルール（殺生・伐木の禁止）に抵触して問題となることが多かった。双方の依って立つルールが異なるため、両者の紛争は平行線をたどるしかないようにみえるのだが、寺側の主張にわずかながら譲歩の姿勢があることに注意したい。

勝尾寺は、聖域内での殺生・伐木を「強いて」おこなうことを責めているのであって、聖域外での日常的な殺生・伐木一切を禁じようとしているわけではない。同様に、法隆寺も自分たちの嘆きが深刻であるとアピールする一方で、伐木禁止の対象を田堵の耕作地とは無関係な「曠野」に限定している。民の生活圏での生業について何か口出しするつもりはなく、また民の生活全般を「出家」後に適用されるべきルールで縛ろうというわけでもない点で、両寺は共通していた。

中世寺院は、聖と俗の摩擦というセンシティブな問題にあっても、一定の譲歩をみせていた。それは、生活のためなら宗教性を毀損することも厭わない民が現に存在するなかで、宗教界も冥罰などの宗教的な恐怖のみでは民を黙らせることができないことを自覚していたため、柔軟な姿勢を示す必要があったからである。

中世人の訴訟術

聖と俗が衝突する場面では、俗も神仏に呪縛されて屈服するばかりではなく、逆に彼らがこの力を利用することさえあった。

長寛二年（一一六四）七月、東北院領である越前国曽万布庄の百姓等が訴訟を起こした（『平安遺文』三二九六号）。身に降りかかった過剰な負担に抗おうとした彼らの言い分はこうである。この荘園は本来三五町の面積を誇っており、一〇〇年以上にわたって東北院の「仏聖」（仏へのお供え）費用を工面してきた。ところが、約半分にあたる土地（一七町）を国司に取り上げられてしまった。残りの一八町では「仏聖」をやりくりできないだろうと「悲歎」していたところ、追い打ちをかけるように三町余りの田も「利分田」に設定され、そこからの収穫を巻き上げられようとしている。こうした仕打ちを訴えても聞き入れられないうえに、新たな負担を強いられることになった今、われらの歎きは「もっとも切なり」というところまで到達している。たとえわれらが逃散という強行手段をとったとしても、それにはちゃんとした理由があるのだ。

彼らはまず、長年「仏聖」用途を負担してきた事実を提示し、祈りを支えるという宗教への貢献を前面に出している。加えて「仏聖」が欠乏する現状を「悲歎」してみせることで、自分たちが祈りを支えこそすれ、決して阻害しようとはしていないことをアピールした。こうして神仏側に立つ姿勢を確保しながら、自分たちが「仏聖」の費用を納めなければ東北院での祈りが立ち行かなくなること、それによって困るのは東北院の方であり、また祈りに依存する貴族社会であるということを匂わせている。

その上で、彼らは駄目を押すかたちで逃散をちらつかせた。逃散とは、職務放棄（東北院仏事の費用を納めない）によって領主にダメージを与えようという抵抗運動であり、領主東北院の速やかな対応を脅迫的に迫るものであった。一揆や逃散という手段で領主権力に対抗した中世百姓のしたたかさはよく知られるが、そこで使われた正当化の手段として、祈りを盾にとるかのような神仏の利用があったことも見逃せない。

もう一点、百姓たちの提訴の前提には、神仏の力の利用が効果的だという自覚があったこと、そしてそれが自分たちにとってプラスになるのと同様、マイナス面を最小限に抑える必要があると踏まえていた点を指摘しておきたい。彼らが仕掛けた仏事停滞は宗教的にはマイナス要因でしかないが、自分たちも「悲歎」しているのだと表明することにより、あくまでも神仏を尊重しているというポーズをとり続けた。

冥罰が中世社会で果たした役割とは何だったのか。それは実体としての力よりも、神仏から罰を受けるような悪だとレッテルを貼る機能の方が大きかった。その点を前節で指摘したが、神仏側に立つというポジション取りで優位に立とうとするこの戦術を、中世の民も体得していた可能性がある。彼らは世俗的利益を追求する訴訟においても、宗教性尊重の立場を堅持することが有利になると自覚し、訴訟戦術として利用していた。中世という時代、宗教界はもとより貴族から百姓にいたるまでが、宗教尊重の姿勢を示すことが効果的だと知っていたのである。ただ、それを信仰と呼ぶべきかどうかは別問題だろう。病気治療の手段は時代によって変化する。祈りで病気を治そうとする中世の営みについては多くの事例をみてきたが、子供の病気を治したいという親の気持ちはいつの世も変わらないのではないか。承徳三年（一〇九九）八月九日の「聖心田地譲状」には、そんな親心の一端が刻まれている。

「霊気」のお告げ

頼禅という僧侶が生前に自分の田を妻に譲与し、妻は息子である僧聖心に譲った。田を受け継いだ聖心は開発を続けて田を広げ、数十年にわたって何の問題もなく耕作してきた。ところがあるとき、聖心の息子が重い病気にかかってしまう。するとある女（「信方の妻女」）が父子のもとに現れ、次のように口走ったという。「自分には霊気がついたからわかる。お前の子供が病気になったのは、亡くなった頼禅がとり憑いたからだ。頼禅は、お前が済仟に田を与えなかったことを咎めている。だから彼に田を分け与えれば、病はすぐに治るはずだ」。

情報が乏しく、人物関係を確定することは難しいのだが、頼禅（親）と聖心（子）、そして病気にかかった聖心の息子（孫）の関係は確実で、分与を主張し得た済仟も頼禅との血縁関係を認めてよいだろう。ただし、聖心と済仟を兄弟とみてよいかは微妙である。それにもまして知りたいのは、この事件のカギを握る「信方の妻女」が何者なのか、この夫婦と済仟の関係がどういうものかについてである。残念ながらこれについては確かめようがなく、済仟への土地譲与に加担することで、何らかの利益を得るような間柄だろうと推測するしかない。

こうして「霊気」に取り憑かれた女から病気を治す方法を授かった聖心は、その後どのように振るまったのだろうか。もう一度史料に戻ってみよう。

そこで聖心は、父頼禅と息子を憐れみ、事実かどうかはわからないが（「祖子の憐愍無極により、事の実不を知らずといえども」）、息子の病気を治すために女のたぶらかしにしたがい、七月二六日付けで一段の田を済仟に譲った。ところが、八月一日になって息子が亡くなってしまった。こうして女の言葉が虚偽であり、企みであったことが白日の下にさらされたのである（「よって件の女、霊気を付くと申す条、無実を相構ふる事、謀計誑し申すの由、顕然也」）。この件に関しては、近辺の人々も見聞きしている。というわけで、今となっては済仟に渡した田を取り戻し、弟子の叡尊に譲与する。

（『平安遺文』一四〇六号）

この時代、寄進などの神仏への奉仕が願望成就に効果ありとされたことは、「神仏への奉仕が大切」（二一頁）で確かめたとおりで、済仟への譲渡は明らかに病気回復のための措置である。したがって、息子が回復せずに死んでしまったことは、聖心にとって女のウソを示す何よりの証拠となった。

祈りには頼るが……

端からみれば「信方の妻女」の言葉はかなり怪しく映り、現代なら子供の病気を苦にする親心につけ込んだ詐欺だと疑われるだろう。ただ現代ですらこうした事案はなくならないのだから、まして中世なら容易にだまされたのだろう、などと考えてしまうのではないだろうか。ところが聖心は、財産を分ければ病気が治るという呪術的観念にいったんはしたがうものの、息子の死という現実の前に虚偽でしかなくなった「霊気」を否定し、土地を取り戻しているのである。

また、ウソだとわかった後で振り返ったコメントではあるが、聖心が「霊気」を信じた時の心情について、「祖子の憐愍無極により、事の実不を知らずといえども」と語っているところも注目すべきであろう。彼が呪術的な寄進に走ってしまった理由は、目にみえない「霊気」の言葉だからというよりも、身内の苦しみを何とかしたいという、極めてありふれた感情だったことがわかる。そしてその際にも、「事の実不」すなわち霊的な意志が「実（本当）」であるか「不（ウソ）」であるかはわからないというように、判断を保留していた。

こうしてみると、聖心は霊的な託言が「不」である可能性を十分認識していたのであり、神仏の力が息子の病気を必ずや治してくれるはずだという確信は、僧侶である聖心ですら持っていなかったことになる。むしろそんな力のことはどうでもいいから、息子さえ回復してくれれば……という、普遍的な感情がむき出しになっている。

もう一つ、これとよく似た史料がある。承安三年（一一七三）の「僧兼賢置文案（けんけんおきぶみ）」がそれで、兼賢自身が病気で苦しんでいるのはある人物の「怨み」が原因であり、もし田地をある尼に譲渡すれば病は平癒するであろうとの「託宣」があった。そこで託宣にしたがって尼に田地を渡すのだが、彼はこの文書に証判を加えなかったという。その理由は「虚言ならば無益なりと思う故なり」ということで、もし自分の命が助かったならば喜んでサインしようというのである。

案の定、数ヶ月たっても回復しなかった兼賢は、ついに死を覚悟するにいたった。そこで尼に与えた証文の効力を認めず、死後は弟子に耕作させることを改めて書き残している（『平安遺文』三六五一号）。このケースでも、病気回復の祈願と田地の譲渡がセットになった霊的な言葉が登場し、一度はそれを信じるかたちで田地を渡している。しかしここでも兼賢は、それが「虚言」である可能性を考慮する慎重さと合理性をもちあわせていた。

中世人、特に中世の民の心のうちを史料的に確認することは困難であり、推し量ることしかできない。しかしながら以上のような事例からは、身近で差し迫った願望を成就させるためであれば、中世人も内心ではそれほど神仏やその罰を恐れず、また神仏の力にすがる場合でも、慎重にことの成り行きを見定めていた可能性が浮上してくる。

生活を支えるため、また病気で苦しむ身内を助けるためなど、中世人は「富と寿」に関わる切実な願望を抱いていた。彼らはその成就を願って神仏にすがったのであるが、同時に生活の糧を得るためなら神仏の代理人たる寺社とのトラブルも厭わず、また聖域を侵害することも辞さなかった。中世人は神仏にすがって恐れるばかりではなく、「富と寿」をもたらしてくれるのであれば、神仏を利用することさえあった。以上のように、彼らのなかに神仏を恐れない者がいた理由としては、生活のためという要素が挙げられる。

正当性を得るために

万人のために祈る

失敗すれば笑いものに

「ことに甚だし」と表現されるほどの干ばつが諸国で発生していた長和五年（一〇一六）六月九日、一人の僧侶が神泉苑に向かっていた。彼の名は深覚、後に法務や東寺長者を務めた真言宗の高僧で、禅林寺を再興して止住したため禅林寺僧都（のちに昇進して禅林寺僧正）と呼ばれた人物である。禅林寺が一般に永観堂の名で親しまれるのは、本尊みかえり阿弥陀が「永観おそし」と振り返ったという逸話にちなんだものだが、永観はこの深覚の孫弟子にあたるという。

既述のとおり、神泉苑は空海の請雨経法をはじめ、数多くの雨乞いを成功させてきたパワースポットである。深覚が神泉苑に赴いたのももちろん祈雨のためで、丹生・貴布禰両社への奉幣が実施されるなど、朝廷が対応策を講じている最中のことであった。ただし、記録には深覚が「独身、神泉苑に向かい雨を祈る」とあるので、彼の祈りは朝廷主催のものではなかったらしい。

とはいえ、祈雨の霊験所として名高い神泉苑での祈りである。衆目を集めることが予想されたからだろうか、深覚の弟で当時内大臣だった藤原公季（きんすえ）は、兄が失敗するのではないかという心配を隠さなかった。兄弟間で交わされたやりとりを漏れ聞いた藤原実資（さねすけ）は、その内容を日記に綴っている。

内大臣、使を遣わして云く（公季が使者を遣わして以下のように伝えた）、もしその応（こた）えなくば、世のために咲（わら）はるか。僧都報（こた）へて云く（深覚は次のように答えた）、深覚田畠を作らず（私は田畠を耕作しない）、雨を請（こ）うべからず。ただこれ万人のために炎旱（えんかん）を愁う。よって試みに祈請を致す。（『小右記（しょうゆうき）』長和五年六月一一日条）

弟公季がわざわざ使者を兄深覚のもとに派遣し、もし霊験がなければ世の笑いものになると伝えたのに対して、深覚は、田畠を耕作しない自分としては「雨を請うべからず」と答えている。「不可請雨」という原文を訓読したこの部分は文意が取りづらく、「雨を請うべきではない」とすべきかもしれない。ただ、それでは僧侶本来の役割を忘れたかのようなきつい表現になってしまうので、前後の文章とのつながりから「（僧侶である自分は耕作することはないのだから）雨を請う必要はない」と解釈しておきたい。

この読みが許されるならば、耕作に従事しない自分は雨を願う必要はないのだが、ただ干ばつで困っている人々（特に農民）のために、「試みに」祈るのだと答えていることになる。「試みに」の部分もすっきりしないが、弟公季が兄の失敗を案じていることをうけて、深覚自身も祈りに効果がない可能性を踏まえての物言いだととらえておく。

万人のために祈る深覚

弟の心配をよそに祈雨（請雨経と孔雀経（くじゃくきょう）の転読（てんどく））を敢行した深覚だったが、九日の晩には雷鳴をともなった降雨が確認され、無事成功となった。

後日談によれば、公季の邸宅に戻った深覚は弟と二人で涙を流したという。ちなみにこの日（六月九日）の雨について源経頼（みなもとのつねより）は、祭主大中臣輔親（さいしゅおおなかとみすけちか）がおこなった神祇官（じんぎかん）での祈雨のおかげだと判断した道長の「神感の至りというべし」との言葉を載せるのみで、深覚の祈りには触れていない（『左経記（さけいき）』）。「世」の笑いものになると心配された深覚の祈雨は、その実「世」に知られていなかったのかもしれない。

ともあれ、身内としての感情を露わにした弟公季と、僧侶として世の人々を救いたいという思いを述べた兄深覚のやりとりには、祈りに対する中世人の考え方を検討する上で見逃せない問題が含まれている。

その問題とは何か。まず公季の方からいえば、少なくとも身内の失敗を懸念する彼に、祈りへの絶対的な信頼がみえないことである。現代人にも近い感覚でむしろ共感できるのだが、中世という時代に位置づけた場合、次のような疑問も浮かんでくる。公季が懸念したとおり、祈りが失敗する可能性は当然想定されるが、「成功例ばかりが多くなる」（六一頁）で検討したように、祈りが失敗しても深刻な非難にはつながらないのではなかったか。公季が笑われることを恐れている一方で、なぜ深覚が「試みに」と失敗を想定しつつ祈ることができたのか、もう一度検討してみる必要があるだろう。

もう一点は、深覚が強調した「万人のため」という理由である。素直に兄を心配する弟に対し、深覚は祈りの目的を「万人のため」というところに設定していた。苦しむ民のためだという一見高尚なかたちをとるが、だから失敗も厭わないし、極論すればそれでＯＫなのだということであれば、ある種の免罪符として機能していることになる。ここからは、民のために祈ることこそが重要で、結果は二の次だという考え方の存在を指摘できるのではないだろうか。

以上の二点は、祈りの成否や効果について中世人がどのように理解していたのか、また人々の間で祈りに対する認識に違いがあったではないかという問題でもある。そこで本節では、深覚の言葉から導き出される二つの問題、①祈りが成功するか失敗するか、〈祈りの結果はどうでもいい〉のか、②〈民のために祈ればそれでよい〉のか、この二点について考えてみたい。

一つ目の問題、〈祈りの結果はどうでもいい〉のかについて検討しよう。

これまで本書でも、中世人が祈りに依拠してきた事実をみてきただけに、どうでもいいなどとは言いにくいのであるが、まずは九条兼実が語る法験（仏法の祈りによる霊験）の事例を素材に、過去にさかのぼって効果を認定する仕組みを押さえておきたい。

後づけの霊験

治承四年（一一八〇）一〇月には富士川合戦で平氏軍が大敗し、翌月には美濃・尾張・近江で源氏が挙兵するなど、官軍（平氏）と反乱軍との戦線は拡大の一途をたどっていた。そのなかで近江の地は、東海道・東山道・北陸道の反平氏勢力を都に近づけないための防衛ラインであるばかりか、反平氏的な姿勢から以仁王を匿った園城寺や、平氏に近い上層部に反発し、明確な反平氏的行動をとった堂衆を擁する延暦寺が位置する重要地点である。こうした複雑な状況を前に、貴族も「近江騒動」（『玉葉』治承四年一一月二四日条）の動向に注目せざるを得なかった。

こうした点を踏まえたものか、兼実は翌年正月に次のような記事を残している。

> 伝え聞くところでは、去年の冬頃、禎喜僧正が長岡京にある乙訓寺（図23）の弘法大師御影の前で、追討使のことを祈ったそうだ。その後、近江国は平穏になった。その祈りの霊験だろうか。（『玉葉』治承五年正月二七日条）

ここに登場する乙訓寺での祈りについては、残念ながら史料的に確認することができないし、兼実自身もこの時点まで知らなかった様子である。つまり、平定された後で振り返ってみれば、実は祈りがおこなわれていたという、後付けの霊験（れいげん）認定といってよい。

奇跡を発見する

さほど多くはないものの、貴族の日記を紐解くとこうした事例を目にすることがある。時代はさかのぼって寛仁二年（一〇一八）の五月、藤原実資（さねすけ）の宅で火災があり、敷地の西南に建てられていた倉庫が焼けてしまった。このとき実資は、最近は夢見もよくなかったので思い立って仁王講（にんのうこう）（仁王般若経（にんのうはんにゃきょう）を読む法会）を始めたところであり、そのおかげで「大災を脱」したのだと記している（『小右記』寛仁二

図23　乙訓寺の講符

年五月二四日条)。そもそも火災を免れるために始めた祈りではないし、実際に倉庫は焼けてしまっているにもかかわらず、実資の解釈では、祈っていたから被害が少なくて済んだということになっている。

また、兼実が藤氏長者としてはじめて宇治の平等院に参詣した時のエピソードも興味深い。彼が経蔵に入ってさまざまな宝物類を閲覧していたところ、弘法大師や慈覚大師(円仁)の「舎利」がリストに比べて数粒増えていることに気付いた。舎利とは、ブッダなど聖者の遺骨として供養される聖遺物である。この奇跡的な現象を前にして、彼は先代の長者が加えたのであれば記録するはずだ、それがないのは今日増えたからだろうと考えた。そしてこれを「神変」だとみなし、「悦ぶべし信ずべし」との感想を記している(『玉葉』文治三年〈一一八七〉八月二一日条)。

この舎利の事例は不可思議な現象であって、現世利益を願った祈りそのものではない。祈りとは、人間から神仏に向けての働きかけを経て成立するが、このケースのように人間側で特定の願望を抱かずとも、神仏の側から一方的に不可思議な現象が示される場合があった。祈りを介在させないものではあるが、確かに神仏との交流だと理解されており、それゆえに中世人は、こうした現象(示現)についても積極的に発見しては、喜々として記録にとどめた。

こうした事例は、中世社会に浸透していた宗教性が人々にどのような思考を促したかを示すものとして貴重である。増えるはずがないのに増えたと喜ぶ様子は現代人には奇異にみえるだろうが、何かと神仏とのつながりを求めている中世人でさえ、神仏の感応だと確信する前段階で、誰かが加えたから増えたのだという合理的な解釈をいったん記している点に注目しておこう。結局は返す刀で否定しているのだが、彼らも誰かが加えたのだろうという可能性については認識しているのである。

ここで、記録がないことを敢えて記載した兼実の態度は、先代の記載漏れというつまらない合理的解釈などではなく、紛うことなき宗教的現象・奇跡だと強調するためのものであった。そこでは合理と奇跡が紙一重であり、どちらに転ぶかは記主の恣意によっていたことになる。つまり奇跡を発見することは、奇跡を発見したい人にとっては意外と容易だったのである。

災害を防げなかった責任

中世社会は基本的に霊験を求めて神仏を頼み、その力に触れることを「悦ぶべし信ずべし」と考えていた。それゆえ多少の失敗は気にもとめなかったし、関知しない祈りでも、成功とわかれば素直に喜んでいた。

そもそも祈りは、祈雨のようにすぐに明確な結果が出るものばかりではない。効果がわかりにくい祈りの場合、その成否は人間の解釈に左右されるところが大きく、したがって霊験の判定には自ずから恣意が入り込む傾向にあった。加えて中世人が祈りの信憑性を高めるため、成功したものだけを記録する傾向にあったことは、前にみたとおりである。そんななかで、祈りの失敗に関して議論されたハレー彗星の事例（「成功例ばかりが多くなる」六一頁）は、やはり貴重だろう。ここではさらに別の失敗例をとりあげ、祈りの効果がどのようなものとみなされていたのか、検討したい。

治承四年五月、挙兵計画が発覚した以仁王（もちひとおう）は都を脱出、支援を求めて南都に向かう途中で平氏方と交戦し、敗走して討たれた。以仁王の乱とも称されるこの事件は、こうして一〇日ほどで終息する。その間、都では乱鎮圧のための太元帥法（たいげんのほう）がおこなわれることになっていたが、祈りが始まる直前になって以仁王討死の知らせが舞い込んだ（『玉葉』五月二六日条）。以仁王を討つために祈ろうとした直前に彼が討たれたわけだから、中止してもよさそうだが、太元帥法は結局敢行されることになったらしい。

以仁王は倒れたものの、この乱をきっかけに東国各地で平氏打倒の反乱が始まり、それは源平合戦を経て鎌倉幕府成立にいたる大きな変化の契機となった。こうして翌治承五年には、反乱鎮圧を目的とする太元帥法が再びおこなわれることになる。ここで注目すべきは、その阿闍梨（あじゃり）の人選にあたって、前年の以仁王の乱での太元帥法が話題にのぼったことである。なぜ一年前の一件が持ち出されたのか、反乱鎮圧の祈りを命じた後白河法皇がその理由を次のように語っている。

（祈りを始める前に鎮圧されたので、去年の太元帥法は）他の災いを消すという名目で始められたが（「余の殃(わざわ)いを銷(け)さんがため、なお始行せらる」）、その後は天下がますます騒動し、急な遷都もあった。また東西の謀反はいまだに征伐されていない。もはや、法験はなかったのと同じだ（「すでに法験なきが如し」）。

（『玉葉』治承五年六月二十日条）

後白河も言及した治承四年と五年の二つの太元帥法について、効果という論点から整理してみよう。

当初、以仁王追討を掲げて始められた治承四年の太元帥法は、その直接の目的が以仁王の死によって叶えられていたため、急きょ他の災い（「余の殃い」）を鎮めるという目的に変更して実施された。そこで祈りの開始日（治承四年五月）から翌年にかけて起こった「余の殃い」とは、東国における源頼朝らの挙兵、その反乱の畿内近国への波及、そして貴族社会を混乱におとしいれた福原遷都などが挙げられる。この一連の動きをうけて、法皇は去年の祈りが他の災いを鎮めたとはいえないとし、結局「法験なさが如し」との判断を下した。

「余の殃い」という曖昧な目的が設定されたため、法皇のなかでは反乱はおろか福原遷都までもが祈りの対象としてカウントされてしまっている。またここには登場しないが、貴族たちの脳裏には治承四年の末に発生した南都焼き討ちという破格の仏法破滅現象もあっただろう。これらの「殃い」が歴史的事実である以上、治承四年五月の太元帥法の効果はなかったという法皇の判断は正論だが、やはり治承四年五月から翌年にかけての一連の「殃い」の責任を、治承四年五月の太元帥法のみに押しつけるのは酷だろう。

しかしながら、法皇はこの時点でそう判断しており、それに対して兼実をはじめ貴族たちや宗教界が特段の批判を加えた様子もない。だからといって、太元帥法は価値なしという結論に至っているわけでもなく、あくまでも阿闍梨を勤める予定だった僧侶が「不快」なので変更しようとしたにすぎない。ここでの効果に関する議論は、祈りを変えず祈り手だけを変更しようとして持ちだされた理由付けであって、祈りの効果というものが、権力による恣意的な判断基準にさらされていることをよく示すものである。

同じく兼実の日記『玉葉』からもう一つ、今度は成功した事例をもとに祈りの評価基準について考えてみよう。

ポーズとしての祈り

元暦二年／文治元年（一一八五）といえば、二月に屋島、三月に壇ノ浦と続いた源平合戦（げんぺいかっせん）が終結し、その際に戦功をあげた源義経（みなもとのよしつね）が最後には追討対象となるなど、激動の年となった。後白河法皇をはさんで展開した兄頼朝（よりとも）と弟義経のつばぜり合いは、結局義経・行家の追討を命じる院宣の発給で決着し、彼らの逃亡劇につながった。

こうして都を離れざるを得なくなった義経たちは、一一月二日に法皇のもとへ暇乞いをしにやってきて、法皇に同行を願う意思はないことを申し述べたとされている。わざわざそんなことを表明したのは、彼らがそのような狼藉をするだろうとの噂が都に流布していたためである。実際には何もせず静かに都を離れたのだが、それでもなお法皇を「取り奉」る（連行する）との流言が消えなかったため、義経追討御祈がおこなわれることになった。

『玉葉』は、兼実親子が「世間の物忩（物騒）を恐るにより」個人的に実施した祈りについては語るものの、義経追討御祈については記録していない。後世の編纂になる『天台座主記』が、一一月一日から始められた四天王法の目的を「義経謀叛調伏」としており、ひとまずはこの日を義経追討御祈のスタートとみておこう。その後、『玉葉』一一月九日条には義経たちが淡路国に入ったという未確認情報の記載があるから、この時点で現実問題として後白河が「取り奉」られずに無事だったことは、ほぼ確定的となる。そこで、二〇日になって「効験あるの故」に追討御祈の褒賞がおこなわれることになった。

この追討御祈の注意書きとして、『玉葉』は「君を動かし奉らず、無為にして退散す。

よって御祈の験となす也」と記している。当初（とりあえず『天台座主記』が語る一一月一日時点）の目的を「追討」としている以上、あくまでもはじめは義経らを討つことが目的だったはずである。しかし、追討というハードルは二〇日の時点では法皇が無事であることにまで下げられる。つまり義経追討が果たされないまま、法皇が無事であることをもって験ありと認定されたのである。先にみた太元帥法とは反対に、祈りに対する甘い評価が下されている。

この二つの追討御祈をめぐっては、事実としての結果よりも政治家の判断に基づいて評価されていることがわかる。貴族たちは、当初設定されていた目的が変更されてもそれほど問題視することはなく、結局は思いどおりの評価を下したのである。事実を軽視して恣意的に評価するのは政治家の普遍的な性質なのかもしれないが、ここでは平安貴族が当初の目的や事実としての結果にはそれほどこだわらず、祈りの効果に関する評価に恣意を含ませていたことを確認しておきたい。

こうしてみると、貴族にとっては太元帥法に法験があるかどうかは問題の核心ではなく、それについて議論している姿勢を示すことの方が重要だったのではないだろうか。法験は民の幸福のためであり、自分たちはそのことに関心があるのだということさえ提示できれば、それはすでに善政であった。そのような意味で、祈りは政治的なポーズとして最適であり、実際に効験があるかどうかは別問題、すなわち〈祈りの結果はどうでもいい〉のであった。

「自然の小雨」ではダメ

次に、〈民のために祈ればそれでよい〉のかどうか検討しよう。

大治五年（一一三〇）は六月中旬以降ほぼ晴天が続き、「今月の炎旱極まりなし。民間憂い合う」という状況にあった（『中右記』大治五年六月三〇日条）。そのため、翌月にかけて二十二社奉幣や神泉苑御読経などが実施され、七月一六日の午後にようやく雷雨があった。『中右記』はこれを「祈雨御祈の験力か」と評している。

その三日後、七月一九日も午後から大雨となった。『長秋記』の記主源師時は、その悦びを伝えるために雨のなかを濡れながら東寺に向かい、孔雀経法を勤修した権大僧都信証と面会した。その「言談」のなかで、信証は祈りが始められた経緯について触れている。それによると、真言宗の大法である孔雀経法をおこなうことは不肖の身には恐れ多く、実は再三辞退したのだという。ところが鳥羽院からの命令がたびたび下るので、七月一三日になって「明日（一四日）から勤めます」と返答したところ、一四日当日に雷雨があった。

二つの日記で雨が降った日の日付が食い違っている点はさておき、祈りの前に目的が達成されてしまうという事態をどう処理したかに絞って考えてみたい。予定されていた孔雀経法は雨を乞うための祈りであり、しかも再三辞退していた信證である。一四日当日、彼は今日始めるつもりだった孔雀経法を中止したいと申し出た。祈らなくても現に降っているのだから不自然なところはないのだが、院からは次のような仰せが返ってきたという。

自然の小雨をもっては、民の愁い休むべからず。なお法を修し、天下の愁いを省かんと欲すれば、早く修すべき也。辞し申すべからず。

（『長秋記』大治五年七月一九日条）

ここで登場する「自然」という語には大きく二つの意味があり、「じねん」と訓じて「ひとりでに」の意になる場合と、「しぜん」と読んで「万が一」にとる場合がある。ここでは「ひとりでに降った雨、自然に降った雨」、すなわち祈りという人為的な作用によらない雨という意味に解釈し、全体として鳥羽院の言葉を、「祈りで降らせた雨でなければ民の愁いは消えない。やはり祈りによって天下の愁いを取り除きたく思うので、辞退せず早く勤修するように」という命令だととらえておく。この言葉で辞退できなくなった信證が祈ると、「幸い」にも雨が降った。信證自身、それを「案外のこと」だったと吐露している。

「農業の敵を祈りで退治」（三〇頁）で農業に関わる祈りが善政と理解され、積極的に実施されたと指摘した。ここでの鳥羽院の理解もそれと同じである。民の生活を支えるためには農業の円滑な運営が不可欠であり、そのためには適度な雨が必要である。こうした考え方が貴族社会に浸透していたため、干ばつが発生した際には「去る五月廿八日以後、甘(かん)澤(たく)降らず、民烟(みんえん)憂いあり」（『永昌記』嘉承元年〈一一〇六〉七月一三日条）というような、民を気遣う表現が用いられた。「民烟」とは民の家々から立ちのぼる煙のことで、竈(かまど)に火をくべてなされる日々の生活のことを意味している。

ただし、その雨を降らせるためには祈りが必要だと考えたのが中世であり、さらに中世にあってはその祈りを要請するのは政治家の役割だとみなされていた。こうした政治と宗教の協働によって降った雨が「天下の愁い」を除く、それが理想的な善政の姿であった。逆にいえば、善政であることを示すためには祈りで雨を降らせることができればよいのであり、したがって政治にとっては、自然に振る雨よりも祈りで降らせた雨の力に価値があることになる。そこに民を案じる心持ちがあるかどうかは別として、この時の鳥羽院が、自然の雨ではなく祈りによる雨を欲しがったのは、こうした政治的な価値判断に基づくものだった。

善行に励む政治家たち

宗教的に善なるおこないをすべきだという意識は、貴族社会を広く覆っていた。善を生み出す根本となるものを、仏教の言葉で「善根」という。功徳や善行とほぼ同義で、よい報いを得るために積んだり施したりするものである。貴族たちは競うように善根を施し、その積算の結果を多くの記録に残していた。

一一世紀の後半から始まる院政期には、善根を施すことが奢侈や散財を可能とする財力と結びつき、数量的功徳主義（多ければ多いほど功徳がある）とも評される傾向が席捲していた。その代表例ともいえるのが白河法皇の造仏である。その死の直後には、

年来の御善根、絵像五千四百七十余体、生丈仏五体〈丈六百廿七体〉、半丈六六体、等身三千百五十体、三尺以下二千九百卅余体、堂宇塔二十一基、小塔四十四万六千六百卅余基、金泥一切経書写、この外、秘法修善千万壇、その数を知らず。

（『中右記』大治四年七月一五日条）

と、その生涯の善根を記録されている。その数が正確なのか、またどのように集計されたかはこの際おくとして、ここでは亡き人を偲び、その宗教的善行が記憶あるいは記録されるべきことと理解され、現実に記録されていることを確認しておこう。

このように、祈ることや仏像を造ることなどの宗教的な善行（善根）は、その功徳が死後の安穏を保証するものと考えられ、積極的に実践された。また奇跡的な体験を〝発見〟

しようとかまえていた中世人は、こうした先例の積み重ねによって往生の確からしさを補強し、自らの安心材料にしていた。こうした善行への欲求は個人的な信仰にとどまらず、少なくとも言葉としては世俗権力のレベルでも共有されていた。

金山寺や勝尾寺と同様、聖域への侵入トラブルを抱えていた大隅国の台明寺では、住僧たちが国衙に対し狩猟停止を以下のように訴えかけた。「開山以降、狩猟を禁じてきた当寺において、外部からの侵入者がわが物顔で殺生をしている事態を解消するため、大隅国として狩猟禁止命令を下し、静かに祈りをおこなえるような環境を守ってほしい。もしこの願いが聞き入れられれば、われらは『国家鎮護の祈り』に精を出すだろう」。

これに対して大隅国は、当寺は「仏法興隆の基、経論流布の砌」であり、聖域を損なう狩猟者は強盗や窃盗犯に準ずるものであるとして当寺の提訴を認め、違反者を捕縛するよう命令を下した。その理由として大隅国は、「事、善根たるの上、已に鎮護の祈請に縁る。糺し行うべし」と表記している（『平安遺文』六二〇号）。

領域内での狩猟禁止を申請した台明寺は、訴えかける言葉の中に「重罪」「念仏読経」「国家鎮護」といった宗教的な要素を加味していた。宗教者が自らの利益のために宗教的な表現を用いるのは正攻法なので、むしろ問題は、世俗権力である大隅国が停止措置命令を下す際、自分たちのおこないを「善根」だとわざわざ書き込んでいることである。これは政治判断を下すにあたり、その理由を「善根」だからだと表明することが、社会的に意味をもつと考えたからだろう。

言葉を宗教的に飾り立てて発信することは、すでにみたように契約時の「冥罰」文言にはじまり、世俗の訴訟の場にまで広がっていた。その過程で民を含む中世人のなかに、神仏側に立つことが自己の正当性の証となるものとして定着していったと考えられる。さらに貴族社会（政治権力層）では、神仏への奉仕としての「善根」を誇らしげに付加することで、より強力に他者に対して自己の正当性をアピールしていた。こうして神仏への奉仕は、願望成就の対価としてだけではなく、世俗社会における自己の正当性を示す指標にもなった。中世においては、善根を施せば施すほど宗教的な善人、神仏に近い人と認められることになり、そのことが宗教界での価値のみならず、政治権力から民にいたるまで世俗社会でも大きな意味をもつようになった。

「土民」を歓喜させる

中世の政治と宗教が協働したのは、民の愁いを消すことで善政を示したい政治家が、愁いを消す術として祈りに依存していたからである。この点については、主として貴族あるいは政治家としての中世人の事例で明らかにしてきたが、善政の対象とされた（はずの）民自身は、こうした神仏の力あるいは宗教の機能について、どのように理解していたのだろうか。そういった民の理解や心情を端的に示す史料は皆無に近いので、民に言及する貴族たちの言葉の端々から、この問題を考えてみたいと思う。

祈りによって喜ばしい結果が得られた場合、貴族は「終夜、甚だ雨ふる。内外の御祈の霊験もっとも甚だし。天下の土民、歓喜を称ふ」（『兵範記』嘉応二年〈一一七〇〉五月二十九日条）というように表現することがある。彼らは祈りの成功が民の喜びにつながっていることを（たとえ口だけだとしても）よく理解していた。

政治の目的が民に幸福をもたらすことにあり、そのために祈りがあるという理念は崇高なものである。だがその背景には、虫を祭る大生部多のケースでみたように（「富と寿」五頁）、民のために祈って霊験があれば民から感謝と従属を引き出せるというもくろみがあった。政治が祈りに深く関わったのは、つまりは支配をするためであったというのが素直な見方である。

だからこそ、政治と宗教の連動あるいは癒着には警戒が必要になるのだが、ここで気になるのは、その祈りが本当に民のためだったかという点である。政治家が民（国民）のためだと言い張るのは世の常であり、その言葉が真心からのものかどうかを問うても意味はないのかもしれないが、ここでは少し立ち止まって確かめておこう。少なくとも中世の民のための祈りは、真に民のことを憂慮したものだったのだろうか。

この点については、承安四年（一一七四）五月の最勝講に関するやりとりが示唆的である。最勝講とは『金光明最勝王経』を講ずる宮中法会で、東大寺・興福寺・延暦寺・園城寺という四つの大寺から選出された僧侶が、一日に二巻ずつ五日をかけて祈ったものである。なかでも説法が一つの見せ場となっており、閑院内裏でおこなわれたこの年の最勝講の二日目に説法を勤めたのが、藤原信西の子で、説法の世界ではのちに「当時の逸物」と称えられた澄憲であった（『玉葉』建久二年〈一一九一〉閏一二月五日条）。おりしも日照りが続いており、澄憲は龍神に訴えかけて雨を乞う説法をおこなった。それが非常に優美で、聴聞していた高倉天皇もいたく感動し、翌日に「御感の綸旨」（感動したという言葉）を伝えたという。取り立てて問題にすることもない出来事なのだが、これがのちに小さな波紋を広げることになる。

基房の言い訳

大きな法会が終われば「勧賞」（論功行賞）を実施するのが通例で、このケースでも澄憲は、最終日に「祈雨説法の賞」として権大僧都に昇進している。しかし、それとは別に天皇から「御感」の言葉があったことは異例であり、しかもそれが法会の途中だったことから疑問を抱いた九条兼実に対し、その兄松殿基房（図24）が次のように諭した。

主上（高倉天皇）も、ただ単に澄憲の説法が優美だと感動されたわけではなく、祈りの効果を尊ばれているのだ（「ただ説法の優美を感ずるにあらず、祈請の効験を尊ばれるなり」）。日照りは一〇日に及んでおり、民もつらいことだろう（「民戸に愁いあり」）。だから祈りで雨を求められたのであり、おそらく法会の趣旨はそれである。昨日は雨を乞う祈りがおこなわれた。澄憲の説法は泉が涌き出るように淀みなく、聞く者すべての心を動かした。思ったとおり暁からは雨も降った。だから主上も賞をお与えになったのだ。

（『玉葉』承安四年五月二六日条）

彼は、高倉天皇の心中を推し量りながら、この祈りが「民戸」（民の家々）の愁いを解消するためのものだとの理解を示した。しかしながら、天皇は雨を降らせた祈りの霊験を尊重されたのであって、ただただ説法に感嘆なさったわけではないのだと基房が強調すればするほど、説法に感動したことの言い訳にしか聞こえなくなってはこないだろうか。

図24　松殿基房（『天子摂関御影』より，宮内庁三の丸尚蔵館蔵）

兼実の疑念は、実のところ「御感」の言葉と褒賞との時間的なズレにあった。ところが基房は、その疑念を祈り本来の趣旨（民の愁いの解消）を忘れて説法の優美さに喜んでしまった自分たちへの非難と受けとめたらしい。だからこそ、わざわざ民の愁いを消し去った祈りの効果に「御感」があるのだと、再確認するかのような言い回しで弁解したのである。

このやりとりで基房が前提としているのは、祈り本来の趣旨こそが大切だという点であった。その実は説法の優美さのみを楽しんでいて民のことなど忘れてしまっていても、本来の趣旨（民の愁いの解消）さえ確かであればよいのだと言わんばかりの、うっかり法会を楽しんでしまったことを恥じるかのような口調である。ここで明らかなのは、為政者にとっては霊験があるかどうかよりも、〈民のために祈ればそれでよい〉のであって、そうした姿勢をとることが重要なのだという考え方である。

もちろんこれはタテマエであり、常にこうした姿勢がとられるわけではない。たとえば説法への感動や兄弟間の気遣いなど、ちょっとしたことであるべき振るまいを忘れてしまうことは誰しもあるだろう。うっかりホンネをみせた弟に対し、兄深覚はあるべき姿をつらぬいて「ただこれ万人のため」と祈りに対するタテマエを示してみせた（「失敗すれば笑いものに」一四二頁）。この姿勢は、民を含む「万人のため」に祈ることで目的を達成したとみなす貴族社会全体に共有されるものであり、だからこそ深覚は、失敗してもいいという心構えで「試みに」祈ったのである。

遠い祈り、近い祈り

為政者にとっては、「万人のため」に祈ることが成否以上に重要だった。では、彼らは「万人」、特に民のことをどのように考えて祈っていたのだろうか。徳のある政治を理想に掲げる時代にあって、それを標榜する為政者の言葉は多いが、その真意には慎重な議論が必要となる。ここでは少々遠回りではあるが、宗教に対する国家の姿勢の変化から探っていきたい。

弾圧から寛容へ

古代以来、国家のために祈りを捧げてきた個人としての宗教者は、同時に国家から危険視される存在でもあった。東大寺大仏の造立（ぞうりゅう）事業に尽力して菩薩（ぼさつ）と呼ばれた奈良時代の僧行基（ぎょうき）（図25）も、当初「百姓（ひゃくせい）を妖惑（ようわく）」する危険人物とみられていた。それは彼の教えが「百姓」＝人々を惑わせ、「業を棄」てさせたからである（『続日本紀（しょくにほんぎ）』養老元年〈七一

図25　行基（『先徳図像』より，東京国立博物館蔵）

七〉四月二三日条）。民は「業」に従事し、その結果として富を生みだした。その富を税として収奪していた国家にとって、「業」を放棄して信仰に走らせてしまう行基は、虫を祭る大生部多と同じく危険思想の持ち主にほかならなかった。

宗教への警戒は平安時代に入っても継続した。桓武天皇は、官寺を去り山林に入って「邪法」をおこなう僧侶を危険視し、諸国の国司に対して国内僧侶と在家信者、そして祈りの場の把握を命じている（『日本後紀』延暦一八年〈七九九〉六月一二日条）。弾圧とはいわないまでも、国家権力の目の届かないところでなされる祈りを監視しようという意図は認められるだろう。このように、平安時代の初頭までは、依然として宗教への警戒姿勢が強かった。

しかし、この傾向は次第に緩んでいく。たとえば弘仁三年（八一二）九月の勅では、諸国の民がエセ宗教者の言葉（「狂言」）を信じてしまうことから、容易に託宣と称してはならないとする一方、「但し神宣灼然とし、その験もっとも著しくあらば、国司検察し、実を定めて言上せよ」とも命じている（『日本後紀』弘仁三年九月二六日条）。民を惑わせる宗教者や彼らの「狂言」を信じてはならないが、その力が「実」（ホンモノ）であれば話は別である。この場合の「検察」と「言上」は、監視下に置くというよりも、確かな呪力なら国家の祈りに利用できないか探ろうとする姿勢だととらえておきたい。

民への無関心？

民を魅了した祈りは、それゆえに「邪法」として弾圧されることがあった。ただし、平安時代の初頭以降、宗教に対する国家の姿勢は弛緩ないし放任に向かっていく。その徴証として、斉衡(さいこう)元年（八五四）に平安京で流行した〝新興宗教〟を描く『文徳天皇実録(もんとくてんのうじつろく)』を挙げておこう。そこには怪しげな教祖にまつわる以下のような顚末が記録されている。

備前国(びぜんのくに)が伊蒲塞(イホサク)という宗教者を都に送ってきた。文徳天皇は、穀物を食べずに過ごすこの者を神泉苑に滞在させることにした。すると都の男女が大勢集まってきた。伊蒲塞の人気は凄まじく、なんとか彼を見ようと肩車をする人も出るほどで、人里からは人がいなくなった。その後、数日の間に彼は「聖人(しょうにん)」と呼ばれるようになり、天下に名がとどろいた。願い事を叶えてもらおうとする人々が詰めかけ、彼はそれに応じた。こうして女性たちはみな惑わされ、泣き出す者さえいた（「婦人の類、眩惑奔(げんわくほん)咽(いん)せざるはなし」）。

しばらくたったある日、「夜、人々が寝静まると、伊蒲塞は数升の米を水で流し込むように食べており、翌朝には便所（「厠」）のようになっている」と言う者があった。こっそりうかがうと、実際に「米糞」が積み上がっていた。そのため名声はすぐに地に落ちたが、なおも子供や女性たちは、彼のことを「米糞聖人」と呼んでいる（「兒婦人、猶これを米糞聖人と謂う」）。

（斉衡元年七月二二日条）

都にやってきた伊蒲塞という宗教者に熱狂する群衆を滑稽に描いており、特にカルト的な人気をもつ教祖の仮面が剝がれてしまうというオチは、なかなか面白い。

この史料、ただの笑い話として読むには勿体ないような内容をもっている。宗教政策との関連でいえば、ホンモノの呪力を都に集めようとした朝廷が、ニセモノとわかって関心を失っていることがまずは指摘できるだろう。また末尾にある「兒婦人」への言及も興味深く、ここには正体が暴かれてもなお崇拝する彼女たちを〝女子供〟と嘲笑する視点が存在する。しかし本書の関心からいえば、「眩惑」された彼女たちはもちろん、「眩惑」した伊蒲塞をも笑いの対象にして済ましている点を重視したい。このエピソードには、エセ宗教者を笑いこそすれ非難する姿勢はなく、ましてや行基への弾圧のような邪教に対する深刻さはみられない。つまりこの段階では、民を惑わせる宗教者への弾圧姿勢は希薄になり、霊験重視の方向へとシフトしていることがうかがえるのである。

民と宗教との関係を危険視していた国家は、こうしてその方針を変えていった。いわゆる鎮護国家という方針に積極的に関わろうとする宗教界の動きもあって、宗教に対する弾圧ないし統制という国家の方針は影をひそめていき、エセ宗教者を笑い話として消費しながら、呪力を品定めしつつ探し求めるようになっていく。九世紀以降、本格的に導入された密教修法も選択肢に加えながら、世俗の人々は攘災・招福（あるいは「富と寿」）への期待をさらに増していった。こうして「宗教の時代」としての中世が準備されていくことになる。

猿楽を見に国分寺へ

中世には、大小さまざまな仏事法会が毎日のようにおこなわれていた。そこには、貴族ばかりでなく民の参加がみられることもあった。国家の警戒姿勢から自由になった彼らが、当時の宗教とどのように関わっていたのか、検討しておく必要がある。

信仰に関するホンネの部分が史料上に登場することは少なく、それを拾いあげるのはなかなか難しい作業になるが、ここでは『高山寺本古往来』をとりあげてみたい。この史料は、高山寺（京都市）にゆかりのある人物の手になる往来物（手紙の文例集）で、文例集というその性格上、いつ誰が書いて誰に送ったかという情報は削除されている。とはいえこれは、戸田芳実が一連の文例群から平安武士の実態を鮮やかに復元して以来、当時の社会を活写した貴重な史料として広く知られるようになった。以下はそのなかの一通で、国分寺で開催される法会に知人を誘う手紙である。

　謹んで申し上げます。今夜、有名な猿楽(さるがく)（物真似などを含んだ芸能）や傀儡(くぐつ)（人形を操る芸能）、蟾舞(ひきまい)（小男による舞や曲芸）が国分寺にやってきて、それぞれ競い合うとのことです。近所の人も遠くに住む人も、群がるように見に行くのだそうで、遅れたらきっと場所がとれないでしょう。私は早いうちに行くつもりです。たとえ仏様がみえる場所（「仏面の間」）ではなくても、高座の下をねらっています。芸能見物のため、また説法を聞くために（「且(かつ)うは見物のため、且うは聞法(もんぼう)のため」）、一緒に行きませんか。謹言。

（『高山寺本古往来』二十二）

文例集とはいえ、実際に出されたものと見まがうような具体性をたたえる描写で、法会の場で興行される「猿楽・傀儡・蟾舞」などの芸能をみようと、遠方からも人が集まっていること、それゆえに場所取りが大変な様子までもが描かれている。書状全体をとおして娯楽みたさに寺に集まる中世人の心情がうかがえるが、ここで注目すべきは、文末の「且うは見物のため、且うは聞法のため」という箇所である。

　高名な芸能を並べ立て、大勢が集まるだろうから遅れたらまずいと書いた人物の最大の関心は何なのか。こう問われて「聞法」すなわち説法を聞くことだったと答えるのは、やはり妥当とはいえないだろう。さらにこの人物は、いい場所をとりたいがそれは決して

「仏面の間」ではなく、「仏面」に対比された「高座」だという。それが芸能の砂かぶり席を意味するのだとすれば、「聞法のため」との表現はとってつけた飾り文句にすぎず、その本心はやはり娯楽みたさでしかない。

娯楽に飢えた中世人が芸能をみたがるのは当然で、寺側もそれを見越して興行したことはこれまでも指摘されている。したがって、この人物の感情は自然なものなのだが、問題はそれを「見物のため」とのみ書くことを許さず、「聞法のため」と加えさせた点にある。明らかに僧侶でも為政者でもないこの差出人さえもが、「私は娯楽見物のためだけに国分寺に行くのではない、『聞法』にも参加するのだ」と繕わなければならないような暗黙のプレッシャーが、当時の社会に存在していたことを示しているのである。

もちろん「仏面の間」も人であふれているのだから、仏の教えを率直に聞きたがる人が多かったのは確かだろう。ただここで問題としたいのは、真面目に説法を聞きたがる人ではなく、また娯楽をみたがる中世人のホンネでもない。重要なのは、そのホンネを「聞法」という体裁で覆い隠させようとしたタテマエの方であり、それが文例集に採用されている事実の方である。

「人まねの熊野詣」

ホンネでは娯楽を楽しみたいが、タテマエとして祈りのために行くと言っておいた方がよいのだ。中世人にこうした宗教的な圧がかか

図26　九条兼実（『天子摂関御影』より，宮内庁三の丸尚蔵館蔵）

っていたとしても、貴族と民とでは違っていたのではないかという疑問もわいてくる。またこの点は、貴族たちが民のことをどう考えていたかという問題にも関わるのではないだろうか。以下で検討してみよう。

平成一六年（二〇〇四）、熊野三山や高野山（こうやさん）など紀伊（きい）山地に広がる霊場とそこにいたる参詣道が、「紀伊山地の霊場と参詣道（Sacred Sites and Pilgrimage Routes in the Kii Mountain Range）」としてユネスコの「世界遺産」に登録された。いわゆる熊野古道のことで、登録を機に訪れる人が増加しているという。ただ、熊野古道がにぎわった最初のピークはおそらく平安時代の後半（院政期）にあり、「蟻（あり）の熊野詣（くまのもうで）」のたとえを彷彿とさせる参詣の一端を、多くの貴族たちが記録している。

ところで一二世紀末の記録には、それとは別の「人まねの熊野詣」という表現が登場する。「蟻」の方とは異なり、こちらは一貴族が雑談のなかで一度述べたものにすぎないが、彼らの宗教観を大いに語って余りあるものである。

文治四年（一一八八）九月、九条兼実（図26）は如法経（にょほうきょう）十種供養に結縁（けちえん）するため、天王（てんのう）

図27　四天王寺西門（『一遍上人絵伝』より，清浄光寺〈遊行寺〉蔵）

寺（四天王寺）に向かっていた。当時、摂政の地位にあった彼が都を離れることへの批判もあったが、この供養の願意を知る自分は行くべきなのだという固い意志をもつ兼実は、「人々の謗難を顧みず」に参詣することを決めたという。

寅の刻（午前四時頃）に自宅をスタートし、車と船を乗り継いで晩頭には摂津国渡部に到着、そこから再び車に乗って天王寺西門辺り（図27）にある宿所に入った。この西門は極楽浄土への入り口とみなされており、往生を願う人々が集まる場所となっていた。加えて熊野詣やその他の仏事に参加する人もいて、かなりの賑わいをみせていたと考えられる。そんな群衆をみたことがきっかけだろうか、到着当夜に兼実の宿所を訪ねてきた藤原兼光が、雑談のなかで次のような発言をしている。

> 結縁のため、何千何万という人々が身分を問わず（「上下結縁の衆」）やってきます。天王寺周辺には多くの民家がありますが、この人数に比べるとまだ足りず、道路で寝る者も多いということです。このことからも、人々の善なる心をうかがい知ることができるでしょう。貴ぶべきことです。ただし、これは「仮名虚仮の善心」でしかなく、多くの場合は「人まねのくまのまうて」でしょう。
>
> （『玉葉』文治四年九月一五日条）

このように述べた兼光は、野宿をしてでも如法経供養に結縁しようとする人々の「善心」をまずは称賛しているが、「ただし」と続けた。そのあとの「仮名」とは実体のないものにつけられた名のこと、「虚仮」とは真実でないことを意味している。「くまのまうて」はもちろん熊野詣のことだから、熊野詣に向かう人々の信仰心は、偽物の「人まね」でしかないと指摘していることになる。

「上下結縁」のうち「上」にあたる貴族たちは、「下」の人々の宗教的行動を「善心」によるものと一応は認めている。「上下」に共通するのは宗教的な善行をなすべきだという規範意識であり、先ほど指摘した猿楽見物への誘いのような、宗教的にあるべき振るまいを取り繕わなければならないという暗黙のプレッシャーは、「上下」を問わず社会全体を覆っていたことをまずは確認しておこう。

ただし、等しく圧を受けるようにみえるこの「上下」は、決して同じ枠内の存在ではなかった。「人まね」発言をした兼光だけではなく、おそらくはこの会話を記録した兼実を含む貴族社会の人々には、「人まね」を喝破（かっぱ）することで自分の信仰はホンモノだと自負したい気持ちがあったのではないだろうか。身分制的な蔑視に根をもつ「上下」間の亀裂も手伝って、「下」の人々の信仰を表層的だと批判し、終いには信仰を装ったニセモノだとみなしていることからは、宗教観の分裂状況も認められるだろう。

媚びない宗教

数年前のある法事の場で、ご近所の方々が集まって話をされているところに同席した。なにとはなしに聞いていると、「今日の法事は三部経じゃないから、そんなに長くはないだろう」というようなことが話題になっていた。三部経という具体的な経典に関わる宗教性と、法事の長さを気にする世俗性のアンバランスが印象的で記憶に残っているが、中世にも法会の長さに関連して、人々がどのように思っていたかを物語る史料がある。

今夜の長講聖人（ちょうこうしょうにん）の説法はいつもより短かった。これをうけて、鳥羽院が次のようにおっしゃった。「今日の舎利会(しゃりえ)ではすべての者が疲れ、飽きていた（「上下疲れ倦(う)む」）。そんな彼らの心（「衆心」）におびえて、説法を短かくしたものだろう。民に媚(こ)びれば、仏法は本来の姿を失ってしまう（「媚を衆庶(しゅうしょ)に求め、法に於(お)いては常を失う」）。聖人の行いは適切だったのだろうか」と。

（『台記(たいき)』久安六年九月一六日条）

舎利会とは仏舎利を供養する法会のことで、一〇世紀以降、都では庶民が参加できるものも含めて盛んにおこなわれていた。したがってこの史料にある「衆庶」は、庶民をさすものと考えて差しつかえない。

文字どおり「上下」が集う法会に参加した鳥羽院は、説法がいつもより短かった理由を民が法会を長く感じていたためだと推測している。さらにその短縮について、民が「疲れ倦む」ことに配慮して法話を短くした僧侶の「媚」でしかないと批判した。史料では「上下」ともに「疲れ倦む」とあるが、後段の「媚を衆庶に」との整合性から、実際には民（「下」）のみを想定した発言とみてよいだろう。

「民が飽きているので僧がそれに媚びた」というのは鳥羽院の憶測でしかないのだが、だからこそこの発言には、「上」の考え方の特徴が表れている。それは、「下」が求める祈りと自分たちが求める祈りとは別物であり、本来のあるべき仏法の姿を追求しているのは自分たちの方だという、宗教的な自負である。

もちろん単純に「上」と「下」で分けられないことは、深覚と公季の違い（「失敗すれば笑いものに」一四二頁）によっても明らかだし、息子の病を前にした聖心のように、時と場合によっては同一人物でも変化することがある（「祈りには頼るが……」一三七頁）。しかし「上」の人々には、「下」とは違うことを自負するような特権意識や民の祈りへの無関心があって、「下」との乖離が大きくなったのではないか、そしてそのことにより、中世人のなかには二つの異なる宗教観が生まれたのではないか。

祈りの場で同時開催される娯楽を楽しむことをよしとする人々と、よしとはしない人々。有り難い法会に飽きる人々と、飽きるべきではないと考える人々。飽きる人々の存在を踏まえて僧侶でさえ法会を短縮しようと配慮するが、それを歓迎する人々と快く思わない人々。前者は宗教的な振るまいを求める圧から相対的に自由な人々であり、後者が宗教界から提示されたあるべき祈りの型に従うことが善なのだと考える人々である。おおよそでいえば前者は「下」に多く、後者は「上」に多かったといえるだろう。

あるべき祈りの型は宗教界から発信されて等しく中世社会を覆っていたが、その受けとめ方には濃淡があり、やはり中世人をひとしなみに呪縛していたわけではなかったのである。

紋切り型の祈願表記

中世人が文章表現において、宗教的文言を用いるのは一般的なことである。ただ、罰文に含まれるような恐怖の言葉でさえ、生活のためや訴訟で優位に立つための形式的な利用だったことを確認したように、中世人の内心での祈りと実際に表記された外部への表明には、ズレがあったと考えられる。中世宗教が「上下」で一つではなかった可能性を踏まえながら、このギャップがなぜ生じたのかについて、本節の最後に検討しておこう。

まずは貴族の表現である。宗教界が貴族社会に向けて提示した祈りは、病気を治すものから彗星を消すものまで幅広く、多様な願望に対応するべく多くの祈りが用意されていた。そこに願いを込めた貴族たちの表現には、どのような特徴があったのだろうか。

永暦二年（一一六二）に右大臣藤原公能がしたためた起請文は、粉河寺（和歌山県）に寄進された栗栖庄の課役免除を確認したものである。仏のために使う名目で免除を認めた彼は、同時に粉河寺への信仰表明と自らの祈願を次のように綴っている。

> そもそも、当寺は千手観音霊験の仁祠、一切衆生渇仰の道場なり。信心を凝らさば悉地成就し、精誠を抽んずれば病患除愈す。なかんづく先年の比い、祈請の事ありて毎度感応し、勝利掲焉、これを以て除病延命のため、攘災招福のために、重ねて件の庄を以て委附するところなり。将来の間、子孫の輩、永くこの状を守り、違濫

を致すことなかれ。（『平安遺文』三一五八号）

一見して仏法の教義内容に沿った難解な表現が多用されていることがわかるだろう。たとえば「悉地成就」というフレーズは、愛染王法の効能を解説した『覚禅鈔』にも登場する密教的な教義を表すものである（「縁結びの祈り」三七頁）。公能はそれを「病患除愈」という願望と併記し、宗教的な幸福と現世での幸福の両方を求めた。彼は自らの信心のもと、目にみえない神仏の世界（「冥」）と現実世界（「顕」）でのご利益を期し、そのための聖なる行為として自らの荘園寄進を位置づけている。

こうした表現の採用が宗教者の指南なのか、定型文の援用か、はたまた公能自らの宗教的研鑽のおかげかはわからない。いずれにせよ公能の判断としては、外部世界へ書面で示す場合には、バランスよく「冥顕」に言及することがあるべき祈りのかたちだった。貴族社会が修飾を多用して秀麗な文章を編むのは宗教分野に限ったことではないが、神仏への祈りには教義に沿ったそれ相応の難解な言葉が採用されていた。それは、彼らが目にみえない世界との交流を好み、それを直截に表現した文言をあるべき祈りのかたちとして受けとめていたからであろう。つまり彼らにとって祈りとは、世俗社会においてスマートに生きていることを示すための、ライフスタイルの一つだったといえそうである。

これに対し、同じ年に作成された「土佐国幡多郡収納所宛行状写」の方はどうだろうか。後世の写しとみられるこの史料は、「収納使西禅」という人物が出家後この地に戻ったことを機に、地元の僧侶と協力して観音経を供養することにしたとの内容をもつ。

つらつら愚意を案ずるに、この地に結縁し、忝くも観音慈悲の垂跡に遇い奉る。今度結縁せざれば、また何時を期さんや。ここに住僧月光坊・教智房、同心の六口寺僧、毎日観音経十巻の内、一巻は天長地久・御願円満のためなり。二巻は我が主君藤原朝臣御一家、おのおの息災延命・無病長寿のため、一巻は過去游霊父母舎兄等の往生極楽のため、一巻は当郡人民郡司百姓等所従眷属の安穏五穀成就のため、五巻は自身結議（縁カ）の男女子孫の繁昌久保寿福、おのおの千秋万年栄耀に至らんがため、宛行うところ件の如し。（後略）

（『平安遺文』三一八四号）

願い事には型がある

ここにも宗教的で難解な言葉が多数登場するが、注目したいのは、列挙された祈願内容後半の具体性である。彼が掲げた祈願は、①天長地久と御願円満、②主君一家の無病息災と長寿、③父母兄弟らの極楽往生、④土佐国幡多郡の人々（郡司・百姓・所従眷属）の安穏と五穀成就、⑤自分が結縁した人々（男女子孫）の幸福と発展と整理できる。貴族社会でもよくみられる①や②に加え、個人や家としての祈願である②③⑤、そして地方官人出身者という立場から発せられた④も入っているところに特徴がある。

西禅は国衙（こくが）の役人であり、かつ出家するほどの人であったから、宗教的な知識も相応に備えていたのだろう。だからこそ、こうした場での表現にふさわしい紋切り型として①や②を忘れていないが、やはり祈願の主眼は、より身近な③以降にあったのではないだろうか。

中世人の願望表現には、現実世界の人間からは遠く離れた観念的なものと、現実世界に生きる書き手にとって、より切実でわかりやすく個別具体的な願望に対応したものとがあった。前者は「天長地久」のような常套句を典型とし、また「悉地成就」のような難解な教義に沿ったものも多かった。ただ具体性を欠いているため、祈り手の願望とは直接つながっていないようにみえてしまう。これに対して後者は、家族の幸福や地域社会の安穏など、目にみえるような具体性をともなっており、祈り手と直接つながるがゆえの切実さも感じられるものであった。

前者と後者の最も大きな違いはやはり具体性にあり、それはわがこととして願望をとらえているかという当時者性と言い換えることができるかもしれない。この点は起請文の罰文表現にも当てはまり、また個別の祈りにおける願望を越えて宗教的な振るまい全般にも該当する。失敗してもいいと考えた深覚の祈り（「失敗すれば笑いものに」一四二頁）は前者の側面が強く、息子の病気を治すために怪しく思いながら土地を与えた聖心（「霊気」のお告げ」一三五頁）は後者に属する。仏教的な観念や神仏世界でのことと、世俗的で現実生活にも関わることについて、中世人は抽象的で紋切り型の文章と、具体的で切実な祈りの文章で書き分けていたのである。

「罰文の広がり」（一一六頁）で考察した嘉禎二年（一二三六）の薪庄・大住庄の衝突事件では、興福寺大衆に反目した領主の所領を没収し、春日社に寄進することになった。そのときの寄進状には、「遠くは深重の神恩を蔑ろにし、近くは当時の理訴を忘る」という文言が含まれている（『鎌倉遺文』五〇四三号）。ここでは、個々の領主からみて「神恩」に関わるレベルの不敬を「遠」い問題、現実の訴訟で協力しなかったことを「近」い問題と表現している。この〝遠近法〟は、人間が住む世界からみた「冥」と「顕」二つの世界にほぼ合致する。

中世の宗教界は、遠くにあってみえない神仏世界に目を向けさせようと、一定の型に沿って言葉を紡ぎ、またその型に沿う信仰表明があるべき振るまいだという理解を普及させた。これに対して人々（特に「上」の人々）は、みえないはずの遠い世界にまで目を向けていることを信仰の証にしようと、その型にしたがうことを是とした。つまり、近い祈りよりも遠い祈りの価値を高くみたのであり、それができずに振るまう人々を見下していた。

他方、遠い世界への祈りが規範であることを知りながら、目にみえる近い範囲での幸福、生活に関わる身近な「富と寿」を一義的にとらえる人々が多かったことも事実である。彼ら（特に「下」の人々）は、定型としての遠い祈りを求める圧に一応はしたがいながら、場合によってはそれに抗って近い祈りを優先させた。彼らが中世の宗教に呪縛されているようにみえたのは、あくまでも宗教的振るまいを求める世間の圧に配慮しているからであって、神仏と中世人の関係はそれほど従属的なものではなく、合理的で割り切ったものだったのである。

祈りとは何か——エピローグ

日本の中世という時代において、神仏と人々とがどのような関係にあったのかを明らかにすることが、本書のねらいである。主として貴族社会の記録や寺社に残された文書を素材に検討してきた内容について、簡単にまとめておきたい。

神仏と中世人

中世人は、「富と寿（いのち）」などの願望を成就するため、宗教界に祈りを要請した。これに対して祈りの専門家たる宗教界は、彼らの期待に応えるべくさまざまな祈りを提供した。そして、その祈りが成功して霊験（れいげん）が現れた場合には記憶され、記録された。霊験の成功例は、その場所・人・祈りの手法などのよき先例となり、成功によるご利益を求める彼らの願望をさらにくすぐったし、また成功の確からしさに対する期待を高めることになったため、こうした情報の蓄積が進んでいった。このようにして、中世社会には伝説から実体験までを含めた情報が聖俗間で共有されることになり、中世人は蓄積された諸情報を踏まえながら、さらなる霊験の獲得を期した。中世社会に神仏にまつわる情報があふれていたのは、こうした理由による。

このような中で盛んにおこなわれるようになった祈りの背後には、中世人の切なる願望を成就させてくれる神仏の存在があった。中世人は幸福をもたらす神仏にすがったし、みえない世界から力を及ぼすその存在を畏敬していた。そしてこの神仏への畏敬は、幸福授与への感謝と同時に、人々の行動を規制し得る恐るべき強制力にもつながっていた。

しかし中世の史料からは、貴族たちが宗教界から提示される祈りのかたちにしたがうことに世俗的（＝非宗教的）な価値を見出していた様子や、民が自らの生活と宗教性が対立する場面では神仏に抗うことを厭わなかった姿もうかがえる。彼ら中世人は、必ずしも神仏におののくばかりではなかった。

ただし、こうした要素が中世史料の表面に浮き彫りになることは、それほどなかった。それは、神仏への態度が世俗的な価値判断に及ぼしたことが原因である。中世人は、世俗社会での争いにおいても、自分が神仏側に立っていることをアピールして正当性を確保しようとしたし、またそうすることで実際に確保することができていた。特に貴族社会においては、祈りのかたちにしたがうことが信仰心の証であるという観念が浸透していた。神仏を篤く敬うことを求め、それによって世俗的な（＝非宗教的な）正当性を確保できるような思潮が中世の社会を覆っており、それを逸脱しない限り、神仏からの厳しい干渉はなかった。

このように、神仏側に立つことが宗教的価値以上に意味をもっていたのが、中世という時代であった。祈りに非宗教的な価値を認めた中世にあっては、人々の信仰は形式的なものにならざるを得なかった。特に政治的な文脈で祈りの成果を求めていたであろう為政者たちも、表面上は篤い信仰をアピールしながら、その実は祈りの結果をそれほど気にせず、民のために祈る姿勢さえ示せばよいと考えていた。中世宗教が提供する現世利益（げんぜりやく）の祈りは、社会から広く求められてその役割を果たしていたが、その一方でこうした表層的な祈りの在り方からは、神仏が個々人の内面を呪縛してはいなかったことも指摘できる。

この延長線上に、現代の「無宗教」があるとみるのはもちろん早計かつ短絡的であり、その間の長く複雑な歴史過程をさらに考察していかなければならない。今後の課題としたいし、時代を中世に限定してもなおやり残した宿題がある。その一つ日は、プロローグでも触れた来世に関する祈りである。この問題は、「葬式仏教」とも通底する現代的な関心事であり、また鎌倉新仏教の位置付けにも関わる中世史上の重要な論点でもある。

もう一つは、中世人、特に民の願望そのものについてである。祈りという宗教的な営みをとおして神仏にすがることが願望成就の中心的手段である、こうした前提にたって話を進めてきたが、その宗教性が形式的で空疎なものだったとすれば、その願望成就あるいは幸福追求のために、彼らは他にどんな手段をもったのだろうか。それが非宗教的なものであるなら、二つの手段をどのように使い分けていたのかを探ることで、神仏と中世人の関係がより鮮明になるのではないかと考える。本書を終えるにあたり、この二つの問題について、少しだけ展望しておきたい。

「後生安穏」のために

「終活」というワードが定着した現代、死後の安穏に関する情報を求める人は多い。その場合の関心は、死後世界そのものというよりも終末期の医療や介護、お墓事情や相続をめぐる問題だろう。死の準備を自らおこなうこうした営みには現代人からも共感が寄せられているように思うが、同じようなことは中世にもみられた。

近年よく目にするようになった「永代供養」は、基本的には寺院にすべてを任せて「永代」にわたり供養してもらうというものだが、これは中世人の願望でもあった。仏事の費用について定め置いた「足利義氏置文案」は、それをよく示すものである。

深い願いをもっていた亡き父母が、若宮の修正会と両界曼荼羅供の費用として両界本尊と一切経を奉納した。その後、怠りなく費用は納められていたが、近年それが納められなくなり、供僧によると折々の行事が滞ることもあるという。驚いて沙汰人を呼んで尋ねたところ、理由はよくわからないとか、忘れてしまったとか言っていた。そこで供僧にも聞いてみると、正治年中（一一九九～一二〇一）の「送文」（納入書）などにより、未納であることは明白だという。「父母の教命」に背かないのが「孝行の本体」だ。だから今後は、足利粟谷郷（栃木県足利市）の収穫の一部を提供しようと思う。干ばつや水害があっても怠ってはならない。将来この地を相伝する者も、この役目を必ず果たすこと。以上を定め置く。（『鎌倉遺文』六九四四号）

義氏の亡き父母が抱いていた「願念」とは、具体的に「後生安穏」などの文言としては確認できないものの、寄進によって果たされるべき供養への期待だったことは明らかだろう。しかし、近年それが果たされなくなったことを知った義氏は、父母の「教命」（ここでは宗教的願望をさすか）を正しく履行することが真の孝行であるとして、新たな費用捻出の措置を講じたわけである。

親の信仰心を尊重した息子の義氏は、確かに孝行者だろう。しかし、義氏の言い分が端無くも示しているのは、彼が仏事の継続を意図したのは父母の「願念」を守るという世俗的な孝行を意識したからであって、自ら抱いた信仰心ではないということである。相続という深刻な場面でも、親の宗教的願望を実現するというポーズこそが重視された可能性があるとするのは、孝行息子の義氏に失礼だろうか。ただし、この〝帰依〟はその後も続き、この寺（鑁阿寺）の造営や仏事勤行はむしろその後に充実していったことも確認しておきたい。

中世の「永代供養」

右のケースでは、この世に残された者が相続のために宗教的行動をとったことになるが、あの世に行く者からすれば自分自身の死後の安穏に関わっており、具体的には自分がこの先どう弔われるかという問題として、深刻にならざるを得なかった。しかも彼らは、家族や子孫でさえ死後の供養を履行してくれないという不安を抱えていたようである。

そこで望まれたのが、寺院という宗教施設による永続的な供養であった。次の史料は、長久三年（一〇四二）に聖命という僧侶が禅林寺に寄進する際のものである。ちなみにこの申し出を了承したのは、神泉苑で「万人のため」に祈った禅林寺僧正深覚であった（「失敗すれば笑いものに」一四二頁）。

数十年にわたって所有してきたこの田を、私と坂上氏の没後の忌日供養料に充てるため、禅林寺の大日如来に寄進することにした。いろいろ事例をみてみると、子孫による忌日の供養も、世代が移るとなされなくなる（「子孫の輩ありて忌日を修むといえども、世代推移せば勤仕するに人なし」）。もしその費用として田畠を寺に寄進すれば、永久に途絶えることはない（「仏寺に寄せ置けば、永永として断つことなし」）。だから寄進するのだ。（『平安遺文』五九六号）

子の世代ならば、親の「願念」を守ってまだまだ孝養を尽くしてくれるのかもしれない。しかし、その後の世代については、祈りがなされなくなることが容易に予想できたということになる。

中世人がこうしたリアルな懸念を抱くなか、彼は「永永」の祈りを求めて寄進を選択した。大日如来への寄進という宗教的な振るまいの背後には、確実に弔ってもらいたいという思惑が存在していた。個人の宗教的願望を半永久的に持続させるためには、個々の人間の連なりとしてのイエよりも、確実に未来にも存在するであろう寺院に託すことが望ましい。だとすれば、寺院への寄進という神聖な行為でさえ、祈りが続かないだろうという宗教の脆弱性を補完するためになされていた可能性がある。こうした点も含め、死後の安穏の問題を今後の課題としておきたい。

あめやみかあめやみへ

阪急京都線の河原町駅から四条通を東へ向かい、鴨川を渡って南座を通り過ぎたあたりに仲源寺という小さなお寺がある。ここの本尊は丈六の地蔵菩薩で、「目疾（めやみ）地蔵」の名で親しまれている。地名事典など

図28　仲源寺「雨奇晴好」の扁額

をみると、この「目疾地蔵」、もとは「雨止（あめやみ）地蔵」だったという（図28・29）。

参詣時にいただいたパンフレットには、二十一世説阿快善（せつあかいぜん）による「仲源寺めやみ地蔵尊略縁起」（一九一七年）が載っている。それによると、鎌倉時代に大雨で鴨川が氾濫し、堤も切れてしまうほどの惨事となったが、この地蔵尊を念じると水が下がった。この霊験により、世の人は「雨止地蔵」と呼ぶようになる。ところがその後、地蔵を信仰する老人が眼病により盲目になったことを恨みに思っていたところ、夢に地蔵菩薩が現れて「我れ汝が眼病に代り憂苦を救ふべし」といい、寺の水を汲んで薬を浸して洗うよう言い残した。そのおかげで眼病は回復し、いよいよ信心を凝らしたことから、「目疾地蔵」と呼ばれるようになったという。

直接の「言談」ではなくパンフレットだったが、霊験に関する歴史的情報をこうして入手できていること自体も中世との類似性がみられて面白く、また、あめやみからめやみへという言葉遊びのような要素もあって興味を引かれる。そんな関心と老眼の進行もあって、帰省の際に時間があれば寄り道することがある（ちなみに京阪電車の祇園四条駅なら降りてすぐ）。

寺伝からは、人々の現世利益的願望を叶えて信仰を集めていたことがうかがえるが、筆

図29　仲源寺「めやみ地蔵尊」の石碑

者の関心は、どうしても「あめやみ」の「あ」がとれた時の人々の思いに向かうのである。彼らは「あ」がとれて「めやみ」になったことをどう思ったのだろうか。いずれにせよ有り難いことなのだからと考えたのか、「あめやみ」でも「めやみ」でもどうでもよいと顧みなかったのか。もちろん、ある程度の時間をかけた変化であろうし、寺伝そのものの検証も必要だろうが、人々が神仏とどのように距離をとっていたかという点で、ヒントになるのではないだろうか。

中世は、あらゆる人が文字を書き残した時代ではなかったため、書くことのできる人々（主として貴族や宗教者たち）が記録したものを中心に考えざるを得ない。彼らは神仏に仕える人々であり、また宗教との協働によって支配権力の行使を円滑におこない得た人々である。当然ながら神仏との距離を近く保ち、神仏との交わりを喜々として描くようなケースが多かった。しかし、それでもなおいくつかの史料からは、人々が神仏に対してニュートラルな立場に身を置く場合があったことや、信仰心を外部に示すことこそが目的だろうと思われる事例、さらには信仰という宗教的な動機の裏に、世俗的（＝非宗教的）な動機が潜んでいるケースが多かったことなどが確認できた。

また彼らの記録に登場する民も、生活のために神仏にすがるしかない姿が事実としてある一方で、生活のためなら神仏でさえ蔑ろにして憚らないこともわかった。つまり、雨が止むように、あるいは目が治るようにと地蔵尊にすがっていたことは間違いないが、祈願内容が「あめやみ」から「めやみ」になっても頓着しなかった心性からは、本書で検討した神仏と中世人との相対的な関係性とともに、願望を叶えてくれるのなら何でもいい、極論すれば神仏でなくてもよいという可能性がありはしないかと考えるのである。それは、中世社会を神仏という角度からみることの有効性とは別に、それ以外の角度からの再検討を迫ることになるのかもしれない。それが何なのかも含め、神仏という存在への過度の依存が中世史像を狭めてはいないかという自問が、目疾地蔵に参ると浮かぶのである（いつもではないが）。

祈りのかたちを考える

聖俗の密な関係の上に成立した祈りの体系が、権力との協働を介することで、その支配に資する呪縛となっていた。それが中世宗教の特徴の一つである。この見方は妥当だし、確かに有効である。ただし、なぜそうなるのかという問いを神仏の力（あるいは恐怖）で説明しようとしてきたことに自戒をこめていえば、民は祈りの型を受けとめてその恩恵にあずかりはしても、生活上の利を損なうまでにはいたっていなかった点を評価すべきではないだろうか。少なくとも「下」の人々には、神仏の力は形式的にしか届かなかった可能性があり、「上」（あるいは宗教界）が想定していた支配・呪縛としての機能は、受け流されていたとみることもできるのではないか。

だとすれば、神仏の力の代わりに民を押さえつけていたものは何なのだろうか。民の内にあって、「上」から提示された祈りによっても損なわれない〝もの〟をどう呼べばよいのか。誉田慶信は、中世民衆にとって宗教とは何だったのか、神仏との関係はどのようなものだったのかと問い、彼らが主体的に選択した「民衆神学」という〝もの〟を想定している。自立的主体としての民衆は、起請文の神々ではなく日常的なつながりのある氏神に救済を求めたとしているように、誉田は民衆が主体性のうちに顕密仏教（中世の宗教界が提示した祈りの型）の教学を「読み取り、自らの精神的な解放の論理として作りかえ」たとする。本書もそこから大いに学び、問題意識を同じくしているが、民のなかにそこまでの主体性を評価することは、現時点ではできなかった。その〝もの〟が宗教ではない可能性も視野に入れながら、今後「後生安穏」を含めて検討するなかで、引き続き考えてみたいと思う。

　ちなみに、筆者が以上のように考えはじめた一つの契機は、東日本大震災のあとに目にした一つの新聞記事であった。

「東大寺が義援金一億円「痛みや苦しみ共有」赤十字支部長に目録」

　奈良市の東大寺は一九日、東日本大震災の義援金一億円を日本赤十字社県支部長に送った。北河原公敬別当と狭川普文執事長が県庁を訪れ、支部長の荒井正吾知事に目録を手渡した。

「被災地の痛みや苦しみを少しでも共有したい」と、一億円を銀行から借り入れて義援金にした。北河原別当は「東大寺は奈良時代から国家鎮護や人々の幸せを祈り続けてきた。人を派遣したいが難しいので、災害を風化させないためにも借財することを決めた。少しでも被災者の役に立つように使ってほしい」と話した。

（『毎日新聞』二〇一一年四月二〇日朝刊〈奈良〉）

日本社会に対し深刻な影を落とすことになったこの震災は、現代宗教の分野においてもやはり大きな画期であったとされている。各種のケアも含め、広い意味での祈りが実体としての〝力〟をもっていると認められ、宗教の役割が改めてクローズアップされるようになった。

さらにさかのぼって一九九五年の阪神・淡路大震災をきっかけに「心のケア」というものが定着し、その一角に宗教的な手法が取り入れられるようになったとされる。こうした歴史的経緯があり、筆者も宗教の出番はやはり祈りにあり、実際に祈りを求められる場も増えているのだと考えていたところに、一見して祈りとは無関係な「借り入れ」記事に衝撃を受けた。

もちろん東大寺とて祈りの効果を軽視しているわけではなく、慰霊の法要などは今なお続けられている。しかし、それでも旧来の祈りとは異なるかたちを提示した点に瞠目せざるを得ず、人々が求める〝祈り〟には旧来の型以外にもあるという可能性を思い起こさせた。史料上に表れた中世人の祈りの特質や神仏との関係は、宗教らしい祈りという外皮で覆われていても、その中身は「借り入れ」のような非宗教的要素を含んでいたのではないか。そういう問いかけも必要だと考えたわけである。

今後の課題の方向性すらまだまだ不安定なものだが、これからも中世の宗教・祈り・神仏と人々との関係について考えていきたい。そして、その遠い（宗教的な／昔の）祈りを考えることが、近い（世俗的な／今の）祈りの在り方を見直すことに、どこかでつながっていればと祈りつつ、ひとまずは筆を擱くことにする。

あとがき

何ごとにおいても、データの取り扱いには注意が必要である。歴史の場合もそれは同じで、きちんとしたデータ（史料）を集めて議論を組み立てていくことが重要となる。その際、結論ありきで都合のいいデータばかりを集めたり、都合の悪いデータを無かったことにしたり、そんなことのないようにと、卒業論文を書く学生には特に強く指導している。

一方、その前段階のテーマ設定では、なるべく好きなことをやってもらいたいと思う。もちろん「○○をやりたい」といわれても、いやそれは史料がないからと、多少の方向転換を勧めるケースもある。とはいえ、就職活動などで離れる時期はあっても、一年もの長きにわたり頭の中にあり続ける（はずの）テーマである。だから好きなことを思い切りやってほしい。そうやってゼミを進めていくうち、この学生はこの史料が好きなんだなとわかるほどに、こだわり続ける史料が報告に登場するようになる。そうなればしめたものである。

卒論の場合、テーマを決めてしまえば他を気にする余裕はないものだが、大学院生くらいになると、今調べている○○以外にも目がいくようになる。特に目的もなく史料をみている時に、ちょっと興味を引く箇所をみつけたり、あるいは○○をみている時にもそれとは関係のないところが気になって、とりあえずそこにも付せんを貼っておく、という具合である。

そうやって関心あるテーマを離れ、未知の領域へさらに研究の幅を広げていくものなのだが、かくいう筆者自身はどうやらそういうアンテナに偏りがあるらしい。常に中世の神仏に軸足が乗っかっており、あくまでもその周辺の史料を中心に集めてきたといわざるを得ないのだが、そうやって院生の頃から溜めてきたものを再検討し、まとめたのが本書である。対象が「好きなこと」だけに、苦労はしたもののそれほどストレスなく書き終えることができたと思っている。

最後に謝辞を。振り返ればここ数年、講義だけではなく市民講座のような場所でも、本書の内容に近い話しかしてこなかったが、それでも辛抱強くお付き合いくださった方々に御礼を申し上げたいと思います。また、その時々に貴重なご意見をいただいたことに感謝いたします。

それ以外でも、お名前を挙げきれないほど多くの方々からご協力やご支援を賜ったことにも御礼申し上げます。とりわけ、執筆の機会と「神仏と中世人」というテーマをご提案くださった吉川弘文館編集部の岡庭由佳さんにも感謝しなければなりません。自分ひとりならば避けていたであろう大きなタイトルで、当初はたじろぐような心持ちにもなりましたが、いつしかそんなことも忘れて、魅力的なテーマとして自分のなかに取り込み、「好きなこと」について考えることができました。ありがとうございました。

二〇一九年八月十五日

衣川　仁

参考文献

【史料】

『新訂増補国史大系』（吉川弘文館）：続日本紀、日本後紀、文徳天皇実録、日本三代実録、類聚国史、日本紀略、百練抄、本朝世紀、類聚符宣抄、吾妻鏡
『平安遺文』『鎌倉遺文』（東京堂出版）
『大日本史料』（東京大学出版会）：為房卿記、永久元年記
『大日本古記録』（東京大学出版会）：小右記、御堂関白記、後二条師通記、殿暦
『史料大成』（臨川書店）：中右記、永昌記、水左記、左経記、長秋記、台記、兵範記、吉記、春日社記録
『史料纂集』（続群書類従完成会）：権記
『新日本古典文学大系』（岩波書店）：今昔物語集、保元物語
『日本古典文学大系』（岩波書店）：日本書紀、金槐和歌集
『大正新修大蔵経』『大正新修大蔵経　図像』（大蔵出版）：本願薬師経、覚禅鈔、阿娑縛抄
『ドラえもん』（小学館）：『ドラえもん　のび太の大魔境』、『ドラえもん』二四巻
『玉葉』『明月記』（国書刊行会）
渋谷慈鎧編『校訂増補天台座主記』比叡山延暦寺開創記念事務局　一九三五

仲源寺『仲源寺めやみ地蔵尊略縁起』一九七九（第三版）初出一九五七
『高山寺本古往来　表白集』東京大学出版会　一九九二（第二刷）
総本山醍醐寺編『根来要書』東京美術　一九九四

【データベース・ホームページ等】

聞蔵Ⅱ（朝日新聞デジタル）
東京大学史料編纂所平安遺文フルテキストデータベース、大日本史料総合データベース
国文学研究資料館日本古典文学大系本文データベース
大正新修大蔵経テキストデータベース
NHK放送文化研究所「日本人の意識」（「第10回「日本人の意識」調査（二〇一八）結果の概要」）
ユーキャン「新語・流行語大賞」
神田明神ホームページ

【全体に関わるもの】

大隅和雄『中世仏教の思想と社会』名著刊行会　二〇〇五
上川通夫『平安京と中世仏教』吉川弘文館　二〇一五
衣川　仁「日本中世宗教の呪縛」『洛北史学』一七号　二〇一五
黒田俊雄『日本中世の国家と宗教』岩波書店　一九七五

佐藤弘夫『起請文の精神史』講談社　二〇〇六
佐藤弘夫『鎌倉仏教』筑摩書房　二〇一四　初出一九九四（第三文明社）
平　雅行『親鸞とその時代』法蔵館　二〇〇一
平　雅行「中世寺院の暴力とその正当化」『九州史学』一四〇号　二〇〇五
平　雅行「中世仏教における呪術性と合理性」『国立歴史民俗博物館研究報告』一五七　二〇一〇
速水　侑『平安貴族社会と仏教』吉川弘文館　一九七五
速水　侑『呪術宗教の世界』塙書房　一九九四（第四刷）初出一九八七
三橋　正『平安時代の信仰と宗教儀礼』続群書類従完成会　二〇〇三（第二刷）初出二〇〇〇

現世利益を願う――プロローグ

阿満利麿『日本人はなぜ無宗教なのか』筑摩書房　二〇〇七（第二三刷）初出一九九六
岩田重則「「葬式仏教」の形成」末木文美士編『新アジア仏教史13日本Ⅲ　民衆仏教の定着』佼成出版社　二〇一〇
オリオン・クラウタウ『近代日本思想としての仏教史学』法蔵館　二〇一二
平　雅行「中世宗教史研究の課題」『日本中世の社会と仏教』塙書房　一九九二
圭室諦成『葬式仏教』大法輪閣　一九九三（第一一刷）初出一九六三
辻善之助『日本佛教史　第一巻上世篇』岩波書店　一九九一（第五刷）初出一九四四
松島公望・川島大輔・西脇良編著『宗教を心理学する』誠信書房　二〇一六

横山寿世理「お守りを捨てられますか」竹内郁郎・宇都宮京子編著『呪術意識と現代社会』青弓社　二〇一〇

「富と寿」のために

有富純也「摂関期の災異について」『日本古代国家と支配理念』東京大学出版会　二〇〇九
上野勝之『夢とモノノケの精神史』京都大学学術出版会　二〇一三
奥　健夫「一日造立仏の再検討」『論集　東洋日本美術史と現場』竹林舎　二〇一二
勝浦令子「王朝の仏教と文化」加藤友康編『日本の時代史6　摂関政治と王朝文化』吉川弘文館　二〇〇二
上川通夫「大治年間の造寺造仏事業」『愛知県立大学文学部論集』五六号　二〇〇八
斎木涼子「平安時代の護国法会」遠藤基郎編『年中行事・神事・仏事〈生活と文化の歴史学2〉』竹林舎　二〇一三
桜井英治『贈与の歴史学』中央公論新社　二〇一一
佐藤泰弘「受領の成立」吉川真司編『日本の時代史5　平安京』吉川弘文館　二〇〇二
曾根正人「平安仏教の展開と信仰」『岩波講座　日本歴史　第5巻　古代5』岩波書店　二〇一五
大喜直彦「「契約・誓約・盟約」をめぐる生活社会史」酒井紀美編『契約・誓約・盟約〈生活と文化の歴史学6〉』竹林舎　二〇一五
高木　豊『平安時代法華仏教史研究』平楽寺書店　一九九〇（第三刷）初出一九七三

田村圓澄「貴族仏教と民衆仏教」『日本仏教史2』法蔵館　一九八三　初出一九六二
本郷恵子『蕩尽する中世』新潮社　二〇一二
三橋　正「院政期仏教の展開」末木文美士編『新アジア仏教史11日本Ⅰ　日本仏教の礎』佼成出版社　二〇一〇
森由紀恵「平安末期における造仏と仏師」『寧楽史苑』四一　一九九六
渡邉　俊「滅罪と安穏」『中世社会の刑罰と法観念』吉川弘文館　二〇一一　初出二〇〇七

彗星を消す祈り

井原今朝男『増補　中世寺院と民衆』臨川書店　二〇〇九
櫛田良洪「平安時代の二代思潮の形成」『真言密教成立過程の研究』山喜房佛書林　一九六四
黒田日出男「こもる・つつむ・かくす」『王の身体　王の肖像』ちくま学芸文庫　二〇〇九　初出一九八七
新野和暢『皇道仏教と大陸布教』社会評論社　二〇一四
棚橋光男『後白河法皇』講談社　一九九五
元木泰雄『保元・平治の乱を読みなおす』日本放送出版協会　二〇〇四
籔元　晶『雨乞儀礼の成立と展開』岩田書院　二〇〇二
横内裕人「仁和寺御室考」『日本中世の仏教と東アジア』塙書房　二〇〇八　初出一九九六
義江彰夫『神仏習合』岩波書店　一九九六

祈りのデータベース

上川通夫「院政と真言密教」『日本中世仏教形成史論』校倉書房　二〇〇七　初出一九九八
酒井紀美『夢語り・夢解きの中世』朝日新聞社　二〇〇一
佐藤弘夫「日本における末法思想の展開とその歴史的位置」歴史学研究会編『再生する終末思想』青木書店　二〇〇〇
平　雅行「末法・末代観の歴史的意義」『日本中世の社会と仏教』塙書房　一九九一　初出一九八三
高谷知佳『「怪異」の政治社会学』講談社　二〇一六
田中文英「以仁王の乱」『平氏政権の研究』思文閣出版　一九九四　初出一九八九
田中文英「治承・寿永の内乱」『平氏政権の研究』思文閣出版　一九九四　初出一九九二
山岸常人「顕密仏教と浄土の世界」元木泰雄編『日本の時代史7　院政の展開と内乱』吉川弘文館　二〇〇二
ブライアン・小野坂・ルパート「中世前期における祈雨及び祈雨記類聚」覚禅鈔研究会編『覚禅鈔の研究』親王院堯榮文庫　二〇〇四

恐るべき神仏

Mikael S. Adolphson : The Teeth and Claws of the Buddha University of Hawai'i Press 2007
新井孝重「悪僧武力と大衆蜂起」『中世悪党の研究』吉川弘文館　一九九〇

池見澄隆編『冥顕論』法藏館　二〇一二
伊藤正敏『寺社勢力の中世』筑摩書房　二〇〇八
笠松宏至「中世の政治社会思想」『日本中世法史論』東京大学出版会　一九七九　初出一九七六
勝俣鎮夫『一揆』岩波書店　一九八二
苅米一志「日本中世における殺生観と狩猟・漁撈の世界」『史潮』四〇　一九九六
衣川　仁『中世寺院勢力論』吉川弘文館　二〇〇七
衣川　仁『僧兵＝祈りと暴力の力』講談社　二〇一〇
黒田俊雄「鎌倉時代の国家機構」『黒田俊雄著作集第一巻　権門体制論』法藏館　一九九四　初出一九六七
黒田俊雄『寺社勢力』岩波書店　一九八〇
黒田日出男「中世民衆の皮膚感覚と恐怖」『境界の中世　象徴の中世』東京大学出版会　一九九三（第六刷）　初出一九八二
佐藤弘夫「破仏破神の歴史的意義」『神・仏・王権の中世』法藏館　一九九八　初出一九九三
豊田　武「中世に於ける神人の活動」『豊田武著作集第三巻　中世の商人と交通』吉川弘文館　一九九一（第二刷）　初出一九五一
仲村　研「神人について」『中世地域史の研究』高科書店　一九八八　初出一九六〇
久野修義「中世寺院と社会・国家」『日本中世の寺院と社会』塙書房　一九九九　初出一九九三
平岡定海「園城寺の成立と戒壇問題」『日本寺院史の研究　中世・近世編』吉川弘文館　一九八八

美川 圭『白河法皇』日本放送出版協会 二〇〇三
元木泰雄「院政期興福寺考」『院政期政治史研究』思文閣出版 一九九六 初出一九八七
元木泰雄『藤原忠実』吉川弘文館 二〇〇〇
湯峯 愛「惣国の国境」海津一朗編『中世都市根来寺と紀州惣国』同成社 二〇一三

形式的に神仏の罰を恐れる

赤松俊秀「藤原時代浄土教と覚超」『続 鎌倉仏教の研究』平樂寺書店 一九六六
井原今朝男『史実 中世仏教』第3巻 興山舎 二〇一七
入間田宣夫「起請文の成立」『百姓申状と起請文の世界』東京大学出版会 一九八六 初出一九八五
黒田俊雄編『訳注日本史料 寺院法』集英社 二〇一五
佐藤雄基「鎌倉幕府の起請文と裁許」『日本中世初期の文書と訴訟』山川出版社 二〇一二 初出二〇一一
清水克行『日本神判史』中央公論新社 二〇一〇
本郷和人『人物を読む 日本中世史』講談社 二〇〇六
誉田慶信「国衙在庁官人と起請文」『中世奥羽の民衆と宗教』吉川弘文館 二〇〇〇 初出一九七八

生活と宗教の衝突

井原今朝男『増補 中世寺院と民衆』臨川書店 二〇〇九

入間田宣夫「逃散の作法」『百姓申状と起請文の世界』東京大学出版会　一九八六　初出一九八〇
大山喬平「中世人は裁判で何を争ったか」『日本中世のムラと神々』岩波書店　二〇一二　初出二〇〇七
笠松宏至『中世人との対話』東京大学出版会　一九九七
上川通夫「一二世紀日本仏教の歴史的位置」『歴史評論』七四六　二〇一二
苅米一志『殺生と往生のあいだ』吉川弘文館　二〇一五
衣川　仁「訴訟沙汰における宗教性」『日本歴史』七五五号　二〇一一
高木徳郎「殺生禁断と山林保全」『日本中世地域環境史の研究』校倉書房　二〇〇八
戸田芳実「中世文化形成の前提」『日本領主制成立史の研究』岩波書店　一九八四（第七刷）　初版一九六七　初出一九六二
永井英治「中世における殺生禁断令の展開」『年報中世史研究』一八　一九九三
中澤克昭「中世寺院の暴力」小野正敏・五味文彦・萩原三雄編『中世寺院　暴力と景観』高志書院　二〇〇七
橋本道範「寺辺殺生禁断試論」『日本中世の環境と村落』思文閣出版　二〇一五　初出二〇一〇
三浦圭一「中世人の現世・他界観」『日本中世賤民史の研究』部落問題研究所　一九九〇　初出一九八七

万人のために祈る

浅香年木『治承・寿永の内乱論序説』法政大学出版局　一九八一
上野勝之「真言僧深覚僧正の霊験譚とその記録」倉本一宏・小峯和明・古橋信孝編『説話の形成と周縁　古代篇』臨川書店　二〇一九
近藤好和『源義経』ミネルヴァ書房　二〇〇五
下村周太郎「中世前期京都朝廷と天人相関説」『史学雑誌』一二二―六　二〇一二
田中貴子『外法と愛法の中世』砂子屋書房　一九九三
永村　眞「寺院文書論」『中世寺院史料論』吉川弘文館　二〇〇〇　初出一九九七
松岡久美子「聖徳太子の物部守屋討伐譚と山門の四天王法」中野玄三・加須屋誠・上川通夫編『方法としての仏教文化史』勉誠出版　二〇一〇
元木泰雄『源頼朝』中央公論新社　二〇一九

遠い祈り、近い祈り

井上光貞『日本古代の国家と仏教』岩波書店　一九九三（第一〇刷）一九七一
上島　享「中世宗教支配秩序の形成」『日本中世社会の形成と王権』名古屋大学出版会　二〇一〇　初出二〇〇一・二〇〇四
上島　享「平安仏教」吉川真司編『日本の時代史5　平安京』吉川弘文館　二〇〇二
小倉慈司「八・九世紀における地方神社行政の展開」『史学雑誌』一〇三―三　一九九四

小野澤眞「中世仏教の全体像」『中世時衆史の研究』八木書店　二〇一二　初出二〇一一
苅込一志「中世初期における在庁官人層と仏教」阿部猛編『中世政治史の研究』日本史史料研究会企画部　二〇一〇
河音能平「日本院政期文化の歴史的位置」河音能平著作集2『天神信仰と中世初期の文化・思想』文理閣　二〇一〇　初出一九八九
小山靖憲『熊野古道』岩波書店　二〇〇〇
末木文美士「聖の仏教」『日本仏教思想史論考』大蔵出版　一九九三　初出一九八五
薗田香融「古代仏教における山林修行とその意義」『平安仏教の研究』法蔵館　一九八一　初出一九五七
戸田芳実『中右記』そしえて　一九七九
戸田芳実「初期中世武士の職能と諸役」『初期中世社会史の研究』東京大学出版会　一九九一　初出一九八六
戸田芳実『歴史と古道』人文書院　一九九三（第五刷）　初出一九九二
西口順子「いわゆる「国衙の寺」」『平安時代の寺院と民衆』法蔵館　二〇〇四　初出一九八一

祈りとは何か――エピローグ

岩田真由子「平安時代における追善と親子意識」『日本歴史』七一二号　二〇〇七
斉藤利男「中世における正統イデオロギーと民衆的認識の世界」地方史研究協議会編『交流の日本史』

雄山閣　一九九〇
高橋　原「大震災後の宗教者による社会貢献と「心のケア」の誕生」西村明編『隠される宗教、顕れる宗教　いま宗教に向きあう2〈国内編Ⅱ〉』岩波書店　二〇一八
高橋典史・塚田穂高・岡本亮輔編著『宗教と社会のフロンティア』勁草書房　二〇一二
西谷地晴美「中世的土地所有をめぐる文書主義と法慣習」『日本中世の気候変動と土地所有』校倉書房　二〇一二　初出一九八九
誉田慶信「中世民衆神学の視座」『中世奥羽の民衆と宗教』吉川弘文館　二〇〇〇　初出一九九四
湯浅治久『戦国仏教』中央公論新社　二〇〇九

※本書は二〇一九～二〇二一年度科学研究費補助金（基盤研究（C）、課題番号一九K〇〇九九五）による成果を含んでいる。

著者略歴

一九七一年、京都府に生まれる
一九九三年、京都大学文学部史学科卒業
一九九八年、京都大学大学院文学研究科博士後期課程国史学専攻研究指導認定退学
現在、徳島大学総合科学部教授

〔主要著書〕

『中世寺院勢力論—悪僧と大衆の時代—』（吉川弘文館、二〇〇七年）
『僧兵＝祈りと暴力の力』（講談社、二〇一〇年）

歴史文化ライブラリー
491

神仏と中世人
宗教をめぐるホンネとタテマエ

二〇一九年（令和元）十二月一日　第一刷発行

著　者　衣川（きぬがわ）　仁（さとし）

発行者　吉川道郎

発行所　株式会社　吉川弘文館
東京都文京区本郷七丁目二番八号
郵便番号一一三—〇〇三三
電話〇三—三八一三—九一五一〈代表〉
振替口座〇〇一〇〇—五—二四四
http://www.yoshikawa-k.co.jp/

印刷＝株式会社　平文社
製本＝ナショナル製本協同組合
装幀＝清水良洋・高橋奈々

ISBN978-4-642-05891-9

歴史文化ライブラリー

1996. 10

刊行のことば

現今の日本および国際社会は、さまざまな面で大変動の時代を迎えておりますが、近づきつつある二十一世紀は人類史の到達点として、物質的な繁栄のみならず文化や自然・社会環境を謳歌できる平和な社会でなければなりません。しかしながら高度成長・技術革新にともなう急激な変貌は「自己本位な刹那主義」の風潮を生みだし、先人が築いてきた歴史や文化に学ぶ余裕もなく、いまだ明るい人類の将来が展望できていないようにも見えます。このような状況を踏まえ、よりよい二十一世紀社会を築くために、人類誕生から現在に至る「人類の遺産・教訓」としてのあらゆる分野の歴史と文化を「歴史文化ライブラリー」として刊行することといたしました。

小社は、安政四年(一八五七)の創業以来、一貫して歴史学を中心とした専門出版社として書籍を刊行しつづけてまいりました。その経験を生かし、学問成果にもとづいた本叢書を刊行し社会的要請に応えて行きたいと考えております。

現代は、マスメディアが発達した高度情報化社会といわれますが、私どもはあくまでも活字を主体とした出版こそ、ものの本質を考える基礎と信じ、本叢書をとおして社会に訴えてまいりたいと思います。これから生まれでる一冊一冊が、それぞれの読者を知的冒険の旅へと誘い、希望に満ちた人類の未来を構築する糧となれば幸いです。

吉川弘文館

歴史文化ライブラリー

中世史